CARLO G(

CW01454751

LA LOCANDIERA

COMMEDIA IN TRE ATTI

A cura di: Francesco Dalla Vecchia
Illustrazioni: Tanja Aldebot

EDIZIONE SEMPLIFICATA AD USO
SCOLASTICO E AUTODIDATTICO

Le strutture ed i vocaboli usati in questa
edizione sono tra i più comuni della lingua italiana e sono stati scelti in base ad
una comparazione tra le seguenti opere:
Bartolini, Tagliavini, Zampolli – Lessico di
frequenza della lingua italiana comtempo-
ranea. Consiglio D'Europa – Livello soglia,
Brambilla e Crotti – Buongiorno! (Klett),
Das VHS Zertifikat, Cremona e altri – Buongiorno Italia! (BBC), Katerinov e Boriosi
Katerinov – Lingua e vita d'Italia (Ed. Scol.
Bruno Mondadori).

Redatore: Ulla Malmmose

Design della copertina: Mette Plesner

Easy Readers

EGMONT

Stampato in Danimarca

CARLO GOLDONI

Carlo Goldoni (1707-1793) è il padre della commedia italiana moderna. Narrò la sua vita in una autobiografia scritta in francese. Nato a Venezia, fu attratto dal teatro fin da bambino e, a quattordici anni, partì con una compagnia di teatro itinerante. Costretto dal padre, riprese gli studi e si laureò in legge a Padova. Cominciò a lavorare come avvocato a Venezia ma dovette scappare per un intrigo amoroso. Vi tornò con una moglie e la convinzione di voler scrivere per il teatro. Divenne famoso scrivendo drammi di diversi generi e, nel 1762, accettò l'invito della Comédie italienne e si trasferì a Parigi. A Versailles, re Luigi XVI gli diede una pensione ma la Rivoluzione francese lo fece morire povero.

Scrisse circa 150 commedie, di cui "La locandiera" (1753) è tra le più famose insieme a "Arlecchino – Il servitore di due padroni" (1745), "Gli innamorati" (1758), "I rusteghi" (1760), la trilogia de "La villeggiatura" (1761), "Una delle ultime sere di Carnevale" (1762), e "Il ventaglio" (1764). Scrisse inoltre, con scarso successo, tragedie e opere serie. Collaborò con importanti musicisti e scrisse opere buffe di successo che influenzarono l'evoluzione del genere. I suoi libretti più famosi sono "Il filosofo di campagna" per B. Galuppi (1752) and "La buona figliuola" per N. Piccinni (1760).

Goldoni riformò il teatro comico italiano elevandone lo stile. Combinò il teatro improvvisato della Commedia dell'Arte con il modello di Molière. Abbandonò progressivamente l'uso del dialetto e delle maschere rendendo i suoi personaggi più complessi e realistici.

PERSONAGGI

MIRANDOLINA, *la locandiera*
Il MARCHESE *di Forlipopoli*
Il CONTE *d'Albafiorita*
Il CAVALIERE *di Ripafratta*
ORTENSIA, *attrice comica*
DEIANIRA, *attrice comica*
FABRIZIO, *cameriere della locanda*
Il SERVITORE *del Cavaliere*
Il SERVITORE *del Conte*

Luogo: Firenze, nella locanda di Mirandolina.
A metà del XVIII secolo.

locanda, albergo.
Cavaliere, *Conte* e *Marchese*, questi titoli sono scritti in maiuscolo
   nel testo della commedia perché sostituiscono il nome del
   personaggio. Cavaliere non era un titolo nobiliare ma generico,
   equivalente a "signore."

ATTO PRIMO

SCENA PRIMA

Sala grande della locanda.
Il Marchese e il Conte.

MARCHESE: …Ma tra Lei e me c'è molta differenza!

CONTE: In questa locanda il mio denaro vale quanto il Suo.

MARCHESE: Ma è giusto che la locandiera mi tratti con più riguardo di Lei. 5

CONTE: E perché?

MARCHESE: Io sono il Marchese di *Forlipopoli*.

CONTE: Ed io sono il Conte d'*Albafiorita*.

MARCHESE: Sì… "Conte"! Il titolo Lei lo ha comprato!

CONTE: Io ho comprato il mio titolo mentre Lei ha venduto il Suo. 10

MARCHESE: E basta! Sono chi sono, e tutti mi devono portare rispetto.

CONTE: E chi non Le porta rispetto? Lei, piuttosto, è quello che parla con troppa libertà…

MARCHESE: Io sono in questa locanda perché amo 15 la locandiera. Tutti lo sanno e tutti devono rispettare una giovane che piace a me.

CONTE: *Oh, bella*! Lei vorrebbe impedirmi di amare Mirandolina? Perché crede che io sia qui a Firenze? Perché crede che sia in questa locanda?

MARCHESE: Ebbene, Lei comunque non farà niente. 20

CONTE: Io no e Lei sì?

Forlipopoli e *Albafiorita* – come poi anche *Ripafratta* – sono nomi di paesi inventati.
oh bella! esclamazione.

MARCHESE: Io sì e Lei no. Io sono chi sono. Mirandolina ha bisogno della mia protezione.

CONTE: Mirandolina ha bisogno di soldi e non di protezione.

5 MARCHESE: Soldi?… Non mancano.

CONTE: Io spendo uno *zecchino* ogni giorno, signor Marchese, e le faccio regali continuamente.

MARCHESE: Ed io non dico quello che faccio.

CONTE: Lei non lo dice ma tutti lo sanno già.

10 MARCHESE: No, non sanno tutto.

CONTE: Sì, caro signor Marchese, lo sanno. I camerieri lo dicono: Lei spende soltanto qualche *spicciolo*.

MARCHESE: A proposito di camerieri, c'è quel cameriere che si chiama Fabrizio che non mi piace
15 affatto. Mi sembra che la locandiera lo guardi sempre con molto interesse.

CONTE: Forse Mirandolina lo vuole sposare. Non sarebbe una cattiva idea. Suo padre è morto da ormai sei mesi e una giovane donna avrà molti problemi a
20 *condurre* una locanda da sola. Per questo le ho promesso trecento *scudi* se si sposa con me.

MARCHESE: Se si sposerà, io sarò il suo protettore e sarò io a decidere… E io so bene quello che farò.

CONTE: Su, perché non ci comportiamo da buoni amici ed entrambi le offriamo trecento scudi?

25 MARCHESE: Quello che io faccio, lo faccio segretamente e non *me ne vanto*. Sono chi sono… (Chiama.) Chi è di là?

---

zecchino, antica moneta d'oro.
spicciolo, qualsiasi moneta di poco valore.
condurre, gestire.
scudo, antica moneta d'argento.
me ne vanto, da *vantarsene*.

CONTE: (Tra sé.) …*Spiantato*, povero e superbo.

SCENA SECONDA
Fabrizio, il Marchese e il Conte.

FABRIZIO: (Al Marchese.) Mi dica, signore.
MARCHESE: "Signore"? Chi ti ha insegnato l'*educazione*?
FABRIZIO: Mi perdoni.   5
CONTE: (A Fabrizio.) Dimmi: come sta la *padroncina*?
FABRIZIO: Sta bene, illustrissimo.
MARCHESE: Si è alzata dal letto?
FABRIZIO: Sì, illustrissimo.
MARCHESE: Asino.   10
FABRIZIO: Perché, illustrissimo?
MARCHESE: Che cos'è questo "illustrissimo"?
FABRIZIO: È il titolo che ho dato anche a quell'altro
signore.
MARCHESE: Ma tra Lui e me c'è molta differenza.   15
CONTE: (A Fabrizio.) Lo sente?
FABRIZIO: (Piano al Conte.) Dice la verità. C'è molta
differenza: *me ne accorgo* nei conti…
MARCHESE: Di' alla padrona che venga da me perché le devo parlare.   20
FABRIZIO: (Forte al Marchese.) Sì, eccellenza. Così
Le va bene?

---

spiantato, senza casa.
educazione, buone maniere.
padroncina, giovane padrona.
me ne accorgo da *accorgersene*.

MARCHESE: Va bene. Sono tre mesi che lo sai, ma sei un *impertinente*.

FABRIZIO: Come vuole, eccellenza.

CONTE: (Sempre piano a Fabrizio.) Vuoi vedere la differenza che c'è tra me e il Marchese?

FABRIZIO: (Piano al Conte.) Cosa vorrebbe dire?

CONTE: Tieni. Ti do uno scudo di mancia. Chiedine uno anche a lui.

FABRIZIO: (Forte al Conte.) Grazie, illustrissimo. Lei è sempre molto generoso. (Al Marchese porgendo la mano.) Eccellenza?

MARCHESE: Non spreco il mio denaro come fanno i pazzi. *Vattene.*

FABRIZIO: (Al Conte.) Illustrissimo signore, il cielo La benedica. (Al Marchese.) Eccellenza. (Tra sé.) E bravo il Marchese! Ma per farsi apprezzare non ci vogliono i titoli, ci vogliono i soldi. (Esce.)

SCENA TERZA
Il Marchese e il Conte.

MARCHESE: Lei crede di passarmi davanti con i Suoi regali, ma non ci riuscirà. I miei titoli valgono molto di più di tutti i Suoi soldi.

CONTE: Per me quello che non *si può* spendere non vale niente.

MARCHESE: Spenda pure tutti i Suoi soldi. Per Mirandolina non contano niente.

---

impertinente, irrispettoso, uno che non porta rispetto.
vattene da *andarsene*.
si può, uno può.

CONTE: E Lei crede che Mirandolina La stimi per i Suoi titoli nobiliari? I soldi sono quelli che contano.

MARCHESE: Che soldi? Il potere è quello che conta.

CONTE: E che potere ha uno che ha solo pochi spic- cioli? 5

MARCHESE: Il rispetto vale più di ogni cosa.

CONTE: I soldi comprano il rispetto di ognuno.

MARCHESE: Lei non sa quello che dice.

CONTE: "Non c'è un sordo peggiore di chi non vuol sentire." 10

SCENA QUARTA
Il Cavaliere, il Marchese e il Conte.

CAVALIERE: Amici, che cosa succede? C'è qualche problema tra di voi?

CONTE: (Sarcastico.) Discutevamo un punto estre- mamente importante.

MARCHESE: Il Conte poneva in discussione il valore 15 della nobiltà.

CONTE: Io non pongo in discussione il valore della nobiltà, ma sostengo che sono i soldi quelli che contano alla fine.

CAVALIERE: In realtà, carissimo Marchese… 20

MARCHESE: Basta, parliamo d'altro.

CAVALIERE: Perché discutevate di questo?

CONTE: Per una sciocchezza.

MARCHESE: Sì, bravo! Per il Conte sono tutte *scioc- chezze*. 25

---

non c'è un sordo peggiore di chi non vuol sentire, non c'è niente da fare, se uno non vuole cambiare idea (proverbio).
sciocchezza, una cosa stupida.

CONTE: Il signor Marchese ama la locandiera ed io la amo ancora di più. Lui crede che la sua nobiltà *basterà* mentre io spero che le mie attenzioni saranno ripagate. Secondo Lei, questa non è una
5 questione ridicola?

MARCHESE: Bisogna sapere con che impegno io la proteggo.

CONTE: (Al Cavaliere.) Lui la "protegge" ed io le faccio regali.

10 CAVALIERE: Davvero non c'è una questione più ridicola di questa. Una donna è il vostro problema? Una donna? Oh, cosa devo sentire! Io certamente non perderei tempo a discutere delle donne con nessuno. Non le ho mai amate e non mi interessa-
15 no: le donne sono solo un'incredibile perdita di tempo per un uomo.

MARCHESE: Ma Mirandolina non è come le altre donne.

CONTE: In questo il signor Marchese ha ragione. La
20 padroncina della locanda è veramente una donna amabile.

MARCHESE: In fondo, se io amo la padrona, per forza lei deve essere qualcosa di speciale.

CAVALIERE: Voi due mi fate davvero ridere. Che mai
25 può avere di così speciale questa donna?

MARCHESE: Ha un animo nobile, affascinante.

CONTE: È bella, educata e intelligente. Veste bene e con gusto, e si muove con grazia.

CAVALIERE: Queste sono tutte cose che non *valgo-*
30 *no un fico*. Sono tre giorni che io sono in questa

---

bastare, essere sufficiente.
non valere un fico, non valere niente.

locanda, e non me ne sono accorto *affatto*.

CONTE: La guardi, e ci troverà qualcosa di buono.

CAVALIERE: Sciocchezze! L'ho vista benissimo. È una donna come le altre.

MARCHESE: Non è come le altre, ha qualcosa di più. Io, che ho frequentato molte donne dell'alta società, non ne ho mai trovata una con così tanta gentilezza e decoro.

CONTE: *Per Bacco*! Io so bene i difetti e le debolezze delle donne perché ne ho conosciute molte. Ma questa, nonostante il mio lungo corteggiamento e le tante spese fatte per lei, non mi ha mai lasciato toccarle neanche un dito.

CAVALIERE: Arte, arte *sopraffina*. Davvero voi le credete, eh? Ma non sapete che non ci si può fidare delle donne?

MARCHESE: Be', ma...

CAVALIERE: Donne... ah! Stiano tutte lontano da me.

CONTE: Ma Lei non è mai stato innamorato?

CAVALIERE: Non sono mai stato innamorato e non lo sarò mai. Hanno fatto di tutto per darmi una moglie, ma non l'ho mai voluta.

MARCHESE: Ma Lei è l'unico rimasto della Sua famiglia: non vuole pensare alla successione?

CAVALIERE: Ci ho pensato più volte, ma quando considero che per avere dei figli dovrei sopportare una donna, la voglia mi passa subito.

CONTE: Che vuole fare delle Sue ricchezze?

CAVALIERE: Godermi quel poco che ho con i miei amici.

affatto, per niente.
per Bacco! esclamazione.
sopraffina, più che fine, ottima.

MARCHESE: Bravo, Cavaliere! Bravo, le godremo insieme!

CONTE: E alle donne non vuole dare nulla?

CAVALIERE: No, niente. Sicuramente non sprecherò
5   soldi con loro.

CONTE: Ecco Mirandolina. Guardi un po' se non è adorabile.

CAVALIERE: Oh, bella! Per me vale molto di più un
10   bravo *cane da caccia*.

MARCHESE: Se non piace a Lei, piace comunque a me.

CAVALIERE: Ve la lascio comunque, anche se fosse più
15   bella di Venere.

cane da caccia

SCENA QUINTA
Mirandolina, il Marchese, il Conte e il Cavaliere.

MIRANDOLINA: M'inchino di fronte a questi gentiluomini. Chi di loro mi ha chiamata?

MARCHESE: Io L'ho chiamata, ma non possiamo parlare qui.

MIRANDOLINA: Dove vuole parlare, Eccellenza?

20 MARCHESE: Nella mia camera.

MIRANDOLINA: Nella Sua camera? Se ha bisogno di qualche cosa verrà il cameriere a servirLa.

MARCHESE: (Al Cavaliere.) Che ne dice, della sua *discrezione*?

| *discrezione*, buone maniere.

12

CAVALIERE: Quello che Lei chiama "discrezione" io la chiamo impertinenza.

CONTE: Cara Mirandolina, io Le parlerò in pubblico, senza dovere andare nella mia camera. Osservi questi *orecchini*. Le piacciono? 5

MIRANDOLINA: Belli.

CONTE: Sono *diamanti*, sa?

MIRANDOLINA: Oh, li conosco. *Me ne intendo* anch'io, di diamanti.

CONTE: Ebbene, sono per Lei. 10

CAVALIERE: (Piano al Conte.) Caro amico, Lei li butta via.

gioielli

orecchini   diamante   collana

MIRANDOLINA: Perché mi vuole donare quegli orecchini?

MARCHESE: Veramente non è un gran regalo! *Ce ne* 15 *sono* di più belli che valgono il doppio.

CONTE: Ma questi vanno di moda adesso. La prego di accettarli per amor mio.

CAVALIERE: (Tra sé.) Oh, che pazzo!

MIRANDOLINA: No, davvero, signore… 20

CONTE: Se non li prende, mi offende.

MIRANDOLINA: Non so che dire… Ci tengo a

---

me ne intendo, da *intendersene*.
ce ne sono, da *essercene*.

13

tenermi amici i clienti della mia locanda e per non offenderLa, signor Conte, li prenderò.

CAVALIERE: (Tra sé.) Oh, *per carità*!

CONTE: (Al Cavaliere.) Che ne dice, della sua gentilezza?

CAVALIERE: Bella gentilezza davvero! Se li prende e non ringrazia nemmeno.

MARCHESE: Certo, signor Conte, ha fatto davvero una bella figura! Fare un regalo a una donna in pubblico per vanità! (A Mirandolina.) Mirandolina, Le devo parlare a *quattr'occhi*. Non tema: sono un gentiluomo.

MIRANDOLINA: (Tra sé.) E insiste! (A tutti.) Con permesso, se non c'è altro, io dovrei andare.

CAVALIERE: (Duramente.) Senta, Lei! La *biancheria* che mi avete dato non mi va bene. Ne avete di migliore?

MIRANDOLINA: Signore, se ce n'è di migliore, gliela porterò, ma mi *pare* che potrebbe chiederlo con un po' più di gentilezza.

CAVALIERE: Quando uno paga, non ha bisogno di essere gentile.

CONTE: (A Mirandolina.) Non si preoccupi di lui: *non sopporta le donne*.

MIRANDOLINA: Povere donne! Che cosa Le hanno fatto? Perché è così crudele con noi, signor Cavaliere?

per carità!, esclamazione.
a quattr'occhi, da soli in privato.
biancheria, la tovaglia, i tovaglioli, gli asciugamani, le lenzuola e le federe del letto.
parere, sembrare.
non sopporta le donne, non gli piacciono le donne.

CAVALIERE: Basta così. Non mi tratti più con confidenza. Mi cambi la biancheria, invece. Manderò il mio servitore a prenderla. (Al Marchese e al Conte.) Amici, arrivederci. (Esce.)

SCENA SESTA
Il Marchese, il Conte e Mirandolina.

5 MIRANDOLINA: Che uomo *scorbutico*! Non ne ho mai conosciuto uno così.

CONTE: Cara Mirandolina, non tutti capiscono quanto Lei valga.

MIRANDOLINA: In verità, son così *stufa* del suo modo di fare che lo *caccerò* via oggi stesso.

10 MARCHESE: Sì, e se non vuole andarsene, lo dica a me, che lo farò partire immediatamente. Conti pure sulla mia protezione.

CONTE: E se dovrà rimetterci del denaro, non si preoccupi: pagherò tutto io. (Sottovoce.) Senta,

15 perché non manda via anche il Marchese? Pagherò io anche per lui.

MIRANDOLINA: Grazie, signori miei, grazie. Non ho paura di dire ad uno straniero che io non lo voglio qui, e a proposito dei soldi, non vi preoccu-

20 pate: la mia locanda non ha mai camere vuote.

---

scorbutico, antipatico.
stufa, stanca.
cacciare, mandare via.

SCENA SETTIMA
Fabrizio, il Marchese, il Conte e Mirandolina.

FABRIZIO: (Al Conte.) Illustrissimo, c'è uno che chiede di Lei.
CONTE: Sai chi è?
FABRIZIO: Credo che sia un *gioielliere*. (Piano a Mirandolina.) Mirandolina, attenzione! Non dovresti 5 rimanere qui. (Esce.)
CONTE: Oh sì, mi deve mostrare un gioiello. Mirandolina, voglio darLe una *collana* che vada bene con quegli orecchini.
MIRANDOLINA: Ma no, signor Conte... 10
CONTE: Lei merita molte belle cose e non m'importa risparmiare soldi. Vado a vedere questo gioiello. Addio, Mirandolina! Signor Marchese, La saluto! (Esce.)

SCENA OTTAVA
Il Marchese e Mirandolina.

MARCHESE: (Tra sé.) Maledetto Conte! Mi umilia con tutti i suoi soldi! 15
MIRANDOLINA: In verità il signor Conte è anche troppo gentile.
MARCHESE: Quelli come il Conte hanno quattro soldi e li spendono per vanità. Io li conosco, so come vanno queste cose.
MIRANDOLINA: Eh, anch'io so come vanno queste 20 cose.

---

gioielliere, uno che fa e vende gioielli.
collana, vedi illustrazione a pag. 13.

MARCHESE: Pensano di conquistare le donne con regali costosi.

MIRANDOLINA: I regali non fanno male allo stomaco.

5 MARCHESE: Io penso che offenderei una donna come Lei facendole simili regali.

MIRANDOLINA: Oh, certamente il signor Marchese non mi ha mai offeso.

MARCHESE: E certamente non La offenderò mai in
10 questo modo.

MIRANDOLINA: Ne sono certa.

MARCHESE: Ma, se posso esserLe utile, La prego, mi dica.

MIRANDOLINA: Ecco, ma vede… prima dovrei sapere
15 in che cosa Lei potrebbe essermi utile, Eccellenza.

MARCHESE: In tutto. Mi metta alla prova.

MIRANDOLINA: Ma… per esempio, che cosa potrebbe fare per me?

MARCHESE: Per Bacco! Qualsiasi cosa.

20 MIRANDOLINA: Lei è troppo gentile, Eccellenza.

MARCHESE: Sa? Adesso direi quasi uno *sproposito*: a volte non vorrei essere quello che sono.

MIRANDOLINA: E perché?

MARCHESE: Qualche volta vorrei essere come il
25 Conte.

MIRANDOLINA: Perché lui ha i soldi, forse?

MARCHESE: Eh? Macché i soldi! Non me ne importa niente. Se fossi giovane come il Conte…

MIRANDOLINA: Che cosa farebbe?

30 MARCHESE: E *che diamine*! La sposerei subito! (Esce.)

---

sproposito, un'esagerazione.
che diamine! esclamazione.

18

fumo

arrosto

orso

SCENA NONA
Mirandolina sola.

MIRANDOLINA: Oh, che cosa mi ha detto! L'eccellentissimo signor Marchese mi sposerebbe? Eppure, anche se mi volesse sposare, ci sarebbe un piccolo problema… Io non lo voglio. Mi piace l'*arrosto*, ma del *fumo* non so che *farmene*. Se 5 avessi sposato tutti quelli che hanno detto di volermi come moglie… Oh, adesso avrei davvero tanti mariti! Quanti uomini arrivano a questa locanda! E tutti s'innamorano di me! Tutti mi fanno i *cascamorti* e tanti vorrebbero sposarmi *immediatamen-* 10 *te*! E questo signor Cavaliere, rustico come un *orso*, mi tratta così maleducatamente? Questo è il primo straniero arrivato alla mia locanda a cui io non sia piaciuta. Non dico che tutti si debbano innamorare di me *lì su due piedi*… Ma disprezzarmi così? È 15 una cosa che mi fa arrabbiare terribilmente. Lui non sopporta le donne? Non le può vedere? Povero pazzo! Non avrà ancora trovato quella che fa per

farmene, da farsene.
fare il cascamorto, fingere di essere disperatamente innamorato.
immediatamente, subito.
lì su due piedi, subito.

lui. Ma la troverà, la troverà… (Pensa.) E se l'avesse già trovata? Cavaliere, in guardia! (Finge di fare un duello con il Cavaliere.) Sapete? Quelli come lui li sfido per una questione di principio. Quelli che mi corrono dietro invece, mi annoiano subito. Non mi piacciono i nobili. La ricchezza va bene ma a volte… non basta. Tutto il mio piacere sta nel vedermi servita, desiderata, adorata. Questa è la mia debolezza, e questa è la debolezza di quasi tutte le donne. Sposarmi? Non ci penso nemmeno: non ho bisogno di nessuno. Vivo onestamente e godo la mia libertà. Sono gentile con tutti ma non m'innamoro mai di nessuno. Voglio solo divertirmi alle spalle di tanti ridicoli *spasimanti*. E questa volta voglio usare tutta la mia arte per conquistare quel cuore barbaro e duro del Cavaliere, il nemico delle donne. Vedrete: gli farò cambiare idea sicuramente, perché di una cosa non c'è dubbio: noi donne siamo la migliore cosa che la Madre Natura abbia mai fatto!

SCENA DECIMA
Fabrizio e Mirandolina.

FABRIZIO: Ehi, padrona.
MIRANDOLINA: Che cosa c'è, Fabrizio?
FABRIZIO: Quello straniero che è alloggiato nella camera numero tre, si lamenta della biancheria: dice che non va bene e non la vuole.

---

spasimante, innamorato.

20

MIRANDOLINA: Lo so, lo so. Lo ha detto anche a me, e lo voglio *accontentare*.

FABRIZIO: Benissimo. Perché non vieni con me a scegliere *la roba*? Così poi gliela posso portare.

MIRANDOLINA: Va', va' pure. Gliela porterò io.   5

FABRIZIO: Gliela vuoi portare tu, Mirandolina?

MIRANDOLINA: Sì, io.

FABRIZIO: Be', questo vuol dire che ti è molto caro quello straniero…

MIRANDOLINA: Non dire *stupidaggini*: tutti i miei   10
clienti mi stanno a cuore… (Teneramente.) Ed anche tu.

FABRIZIO: Io? Bella questa! (Tra sé.) Io lo so già: non succederà niente. Questa donna mi vuole solo *prendere in giro*: non ci sposeremo mai.   15

MIRANDOLINA: (Tra sé.) Povero *sciocco*! Vuole sposarmi… Ma io voglio solo che lui continui ad illudersi perché così farà tutto quello che gli chiedo.

FABRIZIO: (A Mirandolina.) Eravamo d'accordo che io dovessi sempre servire gli stranieri.   20

MIRANDOLINA: Ma tu Fabrizio, con gli stranieri sei sempre un po' *ruvido*.

FABRIZIO: E tu sei sempre un po' troppo gentile.

MIRANDOLINA: So quello che faccio e non ho bisogno di consigli.   25

FABRIZIO: Per carità! Non ti voglio mica dire quello

---

accontentare, fare contento, soddisfare.
la roba, le cose.
stupidaggine, una cosa stupida.
prendere in giro qualcuno, scherzare con qualcuno.
sciocco, stupido.
ruvido, scortese.

che devi fare! E poi, chi sono io? Solo un cameriere della locanda.

MIRANDOLINA: Perché, Fabrizio? Sei forse geloso se sono gentile con un cliente?

5 FABRIZIO: Mirandolina, non scherzare! Ti ricordi che cosa ha detto a noi due tuo padre, prima di morire?

MIRANDOLINA: Sì… e quando vorrò sposarmi, mi ricorderò di quello che ha detto mio padre.

10 FABRIZIO: E intanto, però…

MIRANDOLINA: Ma chi credi che io sia? Una pazza? Una *sgualdrina*? *Mi meraviglio* di te! Cosa vuoi che *me ne faccia* degli stranieri che vanno e che vengono? Se li tratto bene, lo faccio per il mio interesse e per far funzionare la mia locanda. Non ho bisogno dei loro regali. Per fare l'amore? Uno mi basta: e questo non mi manca; e so chi lo merita, e so quello che mi conviene. E quando vorrò sposarmi… mi ricorderò di mio padre. E allora chi mi avrà servito bene, non potrà lamentarsi, perché sarò sempre grata a chi si è preso cura di me e della mia locanda. Insomma, io so chi vale… ma non voglio che gli altri lo sappiano. Basta, Fabrizio! Tenta di capirmi, se puoi! (Esce.)

25 FABRIZIO: Capirla? Chi la capisce è davvero bravo. Ora mi vuole, un *attimo* dopo non mi vuole più. Dice che non è una pazza, ma vuole sempre fare a modo suo. Non so che dire. Staremo a vedere. Mi-

---

sgualdrina, una ragazza facile.
meravigliarsi, essere sorpreso.
me ne faccia, da *farsene*.
attimo, momento.

randolina mi piace, le voglio bene, con lei *mi siste-*
merei per il resto della mia vita. Ah, lo so: prima o
poi dovrò *chiudere un occhio e lasciare correre* un
paio di cose. Dopotutto, gli stranieri vanno e vengono. Io resto sempre. Alla fine, il meglio sarà sem- 5
pre per me. (Esce.)

DOMANDE

1. Il Marchese è un vero nobile?
2. Il Conte è un vero nobile?
3. Secondo il Conte, chi è "peggio di un sordo"?
4. Secondo il Conte e il Marchese, com'è la locandiera?
5. Perché il Cavaliere non sopporta le donne?
6. Cosa regala il Conte a Mirandolina?
7. A cosa serve la "protezione" del Marchese?
8. Mirandolina vuole sposare il Conte o il Marchese? Perché?
9. Mirandolina è vergine?
10. Si sposerà mai Mirandolina?
11. Perché Mirandolina si arrabbia con il Cavaliere?
12. Cosa vuole fare Mirandolina?
13. Che pensa Fabrizio di Mirandolina?

sistemarsi, non avere più problemi.
chiudere un occhio e lasciare correre, fare finta di non avere visto.

23

SCENA UNDICESIMA
Camera del Cavaliere.
Il Cavaliere e il suo Servitore.

SERVITORE: Signore, hanno portato questa lettera per Lei.

CAVALIERE: Da' qua. (Prende la lettera e si siede.) Portami la *cioccolata*. (Il Servitore esce. Il Cavaliere
5   apre e legge la lettera.) "Siena, primo Gennaio 1753" –Chi scrive?– "Orazio Taccagni." –Bene!– "Amico carissimo. Per l'amicizia che mi lega a te sento di doverti avvisare: se puoi, torna subito a casa. È morto il conte Manna…" –Povero conte!
10   Mi dispiace.– "Ha lasciato la sua unica figlia *nubile* erede di centocinquanta mila scudi. Tutti i nostri amici vorrebbero che toccasse a te una fortuna simile, e tutti stanno facendo il possibile per organizzare le tue nozze con la figlia del conte Man-
15   na…" Non facciano fatica per me, *ché* non ne voglio sapere nulla! Eppure lo sanno già che io non voglio donne tra i piedi. E questo mio caro amico, Orazio, che lo sa più d'ogni altro, mi *secca* peggio di tutti? (Straccia la *lettera*.) Che importa a
20   me di centocinquanta mila scudi? Finché sono solo, mi basta molto meno. Se fossi sposato, non mi basterebbe neanche averne di più. Una moglie per me? Piuttosto la febbre a quaranta!

nubile, non sposata.
ché, perché.
seccare, disturbare.
lettera, vedi illustrazione a pag. 26.

SCENA DODICESIMA
Il Marchese e il Cavaliere.

MARCHESE: Amico, posso venire a stare un poco con Lei?

CAVALIERE: Ma con piacere.

MARCHESE: (Entra.) Almeno io e Lei possiamo trattarci con confidenza, ma quel *somaro* del Conte non è degno di stare con noi. 5

CAVALIERE: Mi scusi, Caro Marchese, se Le dico ciò: se davvero vuole essere rispettato, rispetti anche Lei gli altri!

MARCHESE: Ma Lei sa come sono fatto. Sono cortese con tutti, ma non posso sopportare quello lì. 10

CAVALIERE: Non lo può sopportare perché è Suo rivale in amore! Vergogna! Un cavaliere come Lei che si innamora di una locandiera! Un uomo *saggio* come Lei, correre dietro a una donna! 15

MARCHESE: Cavaliere mio caro, quella donna mi ha *stregato*.

CAVALIERE: Ma quali *stregonerie*! Che vuole dire che "una donna L'ha stregato"? Le donne conquistano con il loro aspetto, con i loro modi, e le loro chiacchiere, ma chi se ne sta lontano, come faccio io, non corre il pericolo di lasciarsi sedurre. 20

MARCHESE: Basta! Questo non è il vero problema: ci penso e non ci penso. Quello che *mi dà fastidio* e mi preoccupa è il mio *fattore* di campagna. 25

somaro, asino.
saggio, persona intelligente, con molta esperienza.
stregare, sedurre.
stregonerie, magie delle streghe.
dare fastidio, dare problemi, preoccupare.
fattore, amministratore.

spiccoli

cioccolata

borsa

sed[

tavola

lettera
stracciata

CAVALIERE: Le ha fatto qualche *porcata*?
MARCHESE: Mi ha *mancato di parola*.
CAVALIERE: Oh, mi dispiace.

porcata, una cosa sporca.
mancare di parola, non rispettare un accordo, patto o promessa.

SCENA TREDICESIMA

Il Servitore, il Marchese e il Cavaliere.

SERVITORE: (Entra con una tazza di *cioccolata cal-
da*.) Ecco, signore. (La mette sul tavolo, davanti al
Cavaliere.)

CAVALIERE: (Al Servitore.) Fanne subito un'altra.

SERVITORE: Purtroppo in casa per oggi non c'è altra   5
cioccolata.

CAVALIERE: (Al Marchese.) Dobbiamo comprarne.
Ma se le va bene questa…

MARCHESE: (Prende la cioccolata, e si mette a berla
senza ringraziare, continuando poi a discorrere e   10
bere.) Questo mio fattore, come Le dicevo… (Beve.)

CAVALIERE: (Tra sé.) E a me… niente.

MARCHESE: …Mi aveva promesso di mandarmi…
(Beve.) Come ogni settimana… (Beve.) Venti zecchini… (Beve.)   15

CAVALIERE: (Tra sé.) Ora arriva il colpo grosso.

MARCHESE: …E non me li ha mandati. (Beve.)

CAVALIERE: Glieli manderà un'altra volta.

MARCHESE: Il punto è che… (Beve.) Il punto è che…
(Finisce di bere.) Prego. (Dà la tazza al Servitore   20
che esce.) Il punto è che ho preso un impegno e
non so come fare.

CAVALIERE: Sette giorni più, sette giorni meno…

MARCHESE: Ma Lei che è un gentiluomo, sa bene quel
che vuol dire *mantenere la parola*. Ho preso un im-   25
pegno e… Per Bacco! Questa cosa mi *dà su i nervi*.

---

mantenere la parola, rispettare un accordo, patto o promessa.
dare su i nervi, rendere nervoso.

CAVALIERE: Mi dispiace di vederLa *alterato*. (Tra sé.) Se sapessi come uscirne salvando la mia reputazione!

MARCHESE: Lei avrebbe difficoltà a farmi un piacere per sette giorni?

CAVALIERE: Caro Marchese, se potessi, La aiuterei volentieri. Se avessi soldi, gliene darei subito. Ma li aspetto anch'io, e non ne ho adesso.

MARCHESE: Non mi dirà che è senza soldi?

CAVALIERE: Guardi, ecco tutta la mia ricchezza: pochi *spiccioli*. (Prende la borsa e gli mostra quello che ha mettendo sul tavolo uno zecchino e qualche spicciolo.) Non sono neppure due zecchini.

MARCHESE: Ma quello è uno zecchino d'oro.

CAVALIERE: Sì, l'ultimo. Non ne ho più.

MARCHESE: Mi presti quello, poi vedrò se intanto...

CAVALIERE: Ma io poi...

MARCHESE: Di che ha paura? Glielo renderò.

CAVALIERE: Non so che dire. (Gli dà lo zecchino.) Prego.

MARCHESE: Adesso ho una commissione urgente, caro amico. Ci rivedremo a pranzo. (Prende lo zecchino ed esce subito.)

SCENA QUATTORDICESIMA
Il Cavaliere solo.

CAVALIERE: E Bravo il signor Marchese! Mi voleva

---

alterato, leggermente arrabbiato.
spiccioli, vedi illustrazione a pag. 26.

fregare venti zecchini, e poi se ne è accontentato di uno! Ma non mi importa di perdere uno zecchino: se non me lo rende, almeno non mi verrà più a seccare. Quello che mi dispiace di più è che mi ha bevuto tutta la mia cioccolata. Che *cafone*! E poi… 5 (Facendo la caricatura del Marchese.) "Sono chi sono. Sono il Marchese di Forlipopoli. Oh gentilissimo Cavaliere… mi darebbe uno zecchino?"

SCENA QUINDICESIMA
Mirandolina e il Cavaliere.

MIRANDOLINA: (Bussa.) Permette?
CAVALIERE: (Con asprezza) Che cosa vuole? 10
MIRANDOLINA: (Entrando lentamente con la biancheria.) Ecco qui della biancheria migliore.
CAVALIERE: Bene. La metta lì! (Indica una sedia.)
MIRANDOLINA: La prego almeno di controllare se questa Le va bene. 15
CAVALIERE: Che roba è?
MIRANDOLINA: *Le lenzuola* sono *di seta.*
CAVALIERE: Seta?
MIRANDOLINA: Sì, signore, seta finissima. Guardi.
CAVALIERE: Non pretendevo tanto: mi sarebbe ba- 20 stato qualcosa migliore di quello che mi avevano dato.
MIRANDOLINA: Teniamo questa biancheria per gli *ospiti di riguardo* e per quelli che la richiedono.

25

fregare, rubare.
cafone, maleducato.
le lenzuola, vedi illustrazione a pag. 31.
ospite di riguardo, ospite speciale.

Ma, sinceramente, illustrissimo, nessuno la merita quanto Lei.

CAVALIERE: Niente *cineserie*, La prego.

MIRANDOLINA: Guardi: questo è il *servizio da tavola*.

5 CAVALIERE: Oh! Questi *pizzi* si rovinano, quando poi si lavano. Non c'è bisogno di usarli per me.

MIRANDOLINA: Per un gentiluomo come Lei, non guardo a queste piccole cose. Di queste tovaglioli ne ho *parecchi*, e li terrò per Lei.

10 CAVALIERE: Per me? (Tra sé.) Però non si può negare che questa donna *ci sappia fare*.

MIRANDOLINA: Certo. (Tra sé.) Con quel *muso* capisco perché non piace alle donne.

CAVALIERE: Dia la biancheria al mio cameriere, o la
15 lasci lì, da qualche parte. Non si disturbi. Non c'è bisogno di metterla a posto.

MIRANDOLINA: Nessun disturbo. In realtà, è un piacere per me servirLa.

CAVALIERE: Va bene, va bene! Basta così. (Tra sé.) Que-
20 sta qui mi vuole *fregare*… Le donne sono tutte così.

MIRANDOLINA: Con permesso, Le metto la biancheria sul letto.

CAVALIERE: Ma sì, dove vuole.

MIRANDOLINA: (Tra sé.) Hmn! Vuol fare il duro. Ho
25 paura che non succederà niente. (Esce dal soggiorno e entra nella camera da letto del Cavaliere. Mette la biancheria sul letto.)

cineserie, cortesie inutili.
servizio da tavola, la tovaglia e i tovaglioli coordinati.
pizzi, merletti.
parecchi, molti.
saperci fare, avere talento.
muso, brutta faccia (da animale).
fregare, ingannare.

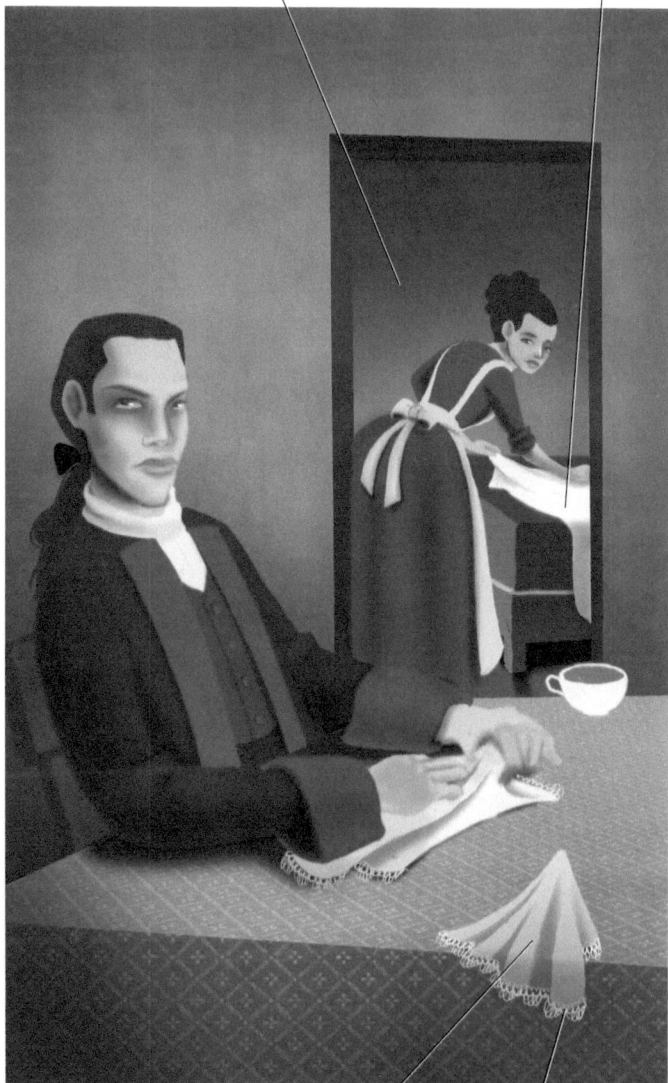

camera da letto   lenzuola di seta

tovagliolo   pizzo

CAVALIERE: (Tra sé.) I *pivelli* che sentono queste belle parole ci credono e poi ci cascano.

MIRANDOLINA: (Ritorna senza la biancheria.) Per pranzo che cosa desidera?

5 CAVALIERE: Niente di particolare: mangerò quello che ci sarà.

MIRANDOLINA: Vorrei comunque sapere cosa preferisce. Se le piace qualcosa in particolare, me lo dica comunque.

10 CAVALIERE: Se vorrò qualcosa di particolare, lo chiederò al cameriere.

MIRANDOLINA: Ma i camerieri non fanno molta attenzione alle richieste particolari dei clienti, mentre io sarò lieta di fare il possibile per soddi-

15 sfarLa. Se Lei volesse un sugo o un condimento speciale, per favore, lo dica a me.

CAVALIERE: La ringrazio, ma io – a differenza del Conte e del Marchese – non ho alcuna richiesta "particolare" per Lei.

20 MIRANDOLINA: Che c'entrano quei due signori? Vengono alla locanda per alloggiare e poi pretendono anche di fare l'amore con la locandiera. Mi creda: ho altro per la testa che assecondare i loro desideri. Ma essere *cortese* con i miei ospiti è il

25 mio lavoro, e per questo sono buona con loro. Poi comunque, quando vedo quanto gli piace, rido come una pazza.

CAVALIERE: Brava! Mi piace la Sua sincerità.

MIRANDOLINA: Oh! Non ho nient'altro di buono

30 che la sincerità.

pivello, stupido, inesperto.
cortese, gentile.

CAVALIERE: Però, con chi Le *fa la corte*, Lei sa fingere molto bene.

MIRANDOLINA: Io fingere? Santo cielo no! Chieda
a quei due signori che fanno gli spasimati per me,
se ho mai dato loro un segno d'affetto, o se ho mai 5
scherzato con loro in modo ambiguo. Porto loro
sempre rispetto perché devo curare i miei interessi
ma questi uomini *smidollati* non li posso vedere. E
allo stesso modo non posso vedere quelle donne
che corrono dietro agli uomini in modo *svergogna-* 10
to. Vede? Io non sono piu una ragazzina. Non sono
più giovane e non sono bella. Ho avute delle buone occasioni ma non ho mai voluto sposarmi perché ci tengo troppo alla mia libertà.

CAVALIERE: Oh sì, la libertà è un gran tesoro. 15

MIRANDOLINA: E tanti la perdono scioccamente.

CAVALIERE: Esatto! (Tra sé.) E lo so bene, io.

MIRANDOLINA: È sposato, Lei?

CAVALIERE: Santo cielo, no! Non voglio donne.

MIRANDOLINA: Bravissimo. Si conservi sempre 20
così. Le donne, signore… Basta, non sono io che
devo parlare male delle donne.

CAVALIERE: Lei, per altro, è la prima donna che io
senta parlare così.

MIRANDOLINA: Veramente noi locandiere vediamo e 25
sentiamo molte cose sulle donne; ma mi fanno pena
quegli uomini che hanno paura del gentil sesso.

CAVALIERE: Davvero? (Tra sé.) Questa donna mi *in-*
curiosisce.

---

fare la corte, corteggiare.
smidollato, debole, senza orgoglio.
svergognato, senza pudore.
incuriosire, rendere curioso.

MIRANDOLINA: Con permesso. (Si avvicina alla porta.)

CAVALIERE: Avete fretta di andare via?

MIRANDOLINA: Non vorrei disturbarLa.

5 CAVALIERE: Ma no, non mi disturbate. Al contrario, mi diverte discutere con Lei.

MIRANDOLINA: Vede, signore? Così faccio con tutti gli altri clienti. Mi trattengo qualche momento a parlare con loro; sono piuttosto allegra, faccio delle battute per divertirli, e loro subito credono… Be', ha capito no? Si mettono a fare i cascamorti!

CAVALIERE: Questo succede perché Lei è troppo cortese e…

MIRANDOLINA: Grazie per il complimento, ma Lei esagera, Cavaliere.

15 CAVALIERE: …E quelli s'innamorano di Lei.

MIRANDOLINA: Ma veda Lei se è il caso che un uomo s'innamori così rapidamente di una donna!

CAVALIERE: Davvero questo è qualcosa che io non ho mai potuto capire.

20 MIRANDOLINA: E poi tutte quelle loro *lagne*, come quando dicono: "Amore mio, non posso vivere senza di te!" Che bell'esempio di virilità, eh?

CAVALIERE: Poveretti! Mi *fanno solo pena.*

25 MIRANDOLINA: Ma io so bene che Lei non è come loro. Ecco… Per esempio, signor Cavaliere, mi dia la Sua mano.

CAVALIERE: Perché vuole che Le dia la mia mano?

MIRANDOLINA: Per favore, Cavaliere, non si preoccupi: ho le mani pulite.

---

lagna, lamento.
fare pena, muovere a compassione.

34

CAVALIERE: Ecco qui la mia mano.

MIRANDOLINA: Le giuro che questa è la prima volta che ho l'onore di tenere per mano un uomo che pensa veramente da uomo.

CAVALIERE: (Tira via subito la mano.) Via, basta così! 5

MIRANDOLINA: Ecco, vede? Se io avessi preso la mano di uno di quei due signori di cui parlavamo, quello avrebbe creduto subito che io fossi attratta da lui e *sarebbe impazzito*. Ma, mi creda, non gli darei mai una simile impressione per tutto l'oro del 10 mondo perché gli uomini di questo tipo poi non sanno come comportarsi correttamente. Oh, come vorrei potere sempre conversare liberamente, senza allusioni, senza malizia, senza tante ridicole sciocchezze. Cavaliere, La prego, ora mi perdoni 15 se Le ho mancato di rispetto, ma volevo dimostrarLe che Lei si comporta diversamente dagli altri uomini. Per questo ogni volta che ha bisogno di me non esiti a chiamarmi e La servirò come non ho mai servito nessun altro cliente. 20

CAVALIERE: Per quale motivo Lei è così particolarmente gentile con me?

MIRANDOLINA: Perché, al di là del Suo titolo e della Sua condizione, sono senz'altro sicura che con Lei io posso discutere liberamente senza avere il 25 sospetto che Lei voglia approfittare delle mie attenzioni. So che Lei può parlare con me semplicemente senza tormentarmi con ridicole professioni d'amore e proposte di matrimonio.

CAVALIERE: Be' certo. (Tra sé.) Non capisco cosa vo- 30 glia questa qui.

| *impazzire*, diventare pazzo.

MIRANDOLINA: Allora siamo d'accordo. (Tra sé.) A poco a poco anche questo scorbutico *si addolcirà*.

CAVALIERE: Forza, se ha così tante cose da fare, è meglio che Lei vada ora.

5 MIRANDOLINA: Sì, signore, vado a fare le altre faccende di casa, che sono le mie vere passioni, i miei amori, i miei passatempi. Se ha bisogno di qualcosa, mi chiami, La prego.

CAVALIERE: Bene… Comunque sarò lieto di vederla 10 di nuovo qualche volta, se vuole.

MIRANDOLINA: Io veramente non vado mai nelle camere dei clienti, ma da Lei ci verrò qualche volta.

CAVALIERE: E perché solo da me?

MIRANDOLINA: Perché, illustrissimo signore, Lei 15 mi piace moltissimo.

CAVALIERE: Io Le piaccio?

MIRANDOLINA: Cavaliere, La prego: non mi preintenda... Ma voglio che sappia che Lei mi piace perché è un vero uomo e sa quello che fa. (Tra sé.) Mi 20 caschi il naso, se anche lui non s'innamora di me prima di domani! (Esce.)

SCENA SEDICESIMA
Il Cavaliere solo.

CAVALIERE: Già… Io so quello che faccio! Le donne? Per carità! Mirandolina ha ragione. (Pensando.) Eh, forse questa Mirandolina non è proprio come 25 le altre. Ha un modo di ragionare e di comportarsi che non è comune. È molto bella ma *ha la testa*

| *addolcirsi*, diventare dolce.

sulle spalle, e si sente da ciò che dice. Insomma, penso che abbia qualcosa che potrebbe far perdere la testa a chiunque. È meglio che ci vada *piano*: parlerò volentieri con lei qualche volta per divertirmi e fare un po' di chiacchiere, ma rimarrò *abbottonato*. Sono sicuro che fare l'amore con lei vorrebbe dire perdere tutto: onore e indipendenza, ma soprattutto... soldi e tempo. Ah! Sono pazzi quelli che s'innamorano delle donne e poi si lasciano comandare da loro. (Esce.) 10

[Cambio di scena.]

DOMANDE

1. Cosa dice Orazio Taccagni al Cavaliere nella lettera?
2. Secondo il Cavaliere, che cos'è peggio della "febbre a quaranta"?
3. Quanti soldi chiede in prestito il Marchese al Cavaliere?
4. Quanti soldi gli dà il Cavaliere?
5. Cos'altro prende il Marchese dal Cavaliere?
6. Cosa porta Mirandolina al Cavaliere?
7. Mirandolina e il Cavaliere vanno insieme nella camera da letto?
8. Il Cavaliere tocca Mirandolina?
9. Che cosa dice Mirandolina al Cavaliere per addolcirlo?

avere la testa sulle spalle, essere intelligente e bravo.
piano, adagio.
abbottonato, chiuso come una giacca.

10. Al Cavaliere piace parlare con Mirandolina? Perché?
11. Alla fine, cosa pensa il Cavaliere di Mirandolina?
12. Che cosa decide di fare il Cavaliere?

SCENA DICIASSETTESIMA
Un'altra camera della locanda.
Ortensia, Deianira e Fabrizio.

FABRIZIO: (Entra con un *baule*.) Ecco il vostro alloggio illustrissime. Quella è la camera da letto, mentre questo è il soggiorno.

ORTENSIA: Va bene, va bene. Lei è il padrone o il
5   cameriere?

FABRIZIO: Sono il vostro cameriere, signore illustrissime. (Trascina il baule in camera da letto.)

DEIANIRA: (Piano a Ortensia, ridendo.) Ci chiama "illustrissime."

ORTENSIA: (Piano a Deianira.) Assecondiamolo!
10   (Forte.) Cameriere!

FABRIZIO: (Ritorna.) Illustrissima?

ORTENSIA: Dica al padrone di venire qui, vogliamo parlare con lui.

FABRIZIO: Verrà la padrona; la chiamo subito. (Tra
15   sé.) Chi diavolo saranno queste due donne sole? A *giudicare* dagli abiti e dai modi, sembrano delle signore. (Esce.)

| *a giudicare da...*, considerando...

baule

SCENA DICIOTTESIMA
Deianira e Ortensia.

DEIANIRA: Ci chiama "illustrissime." Ci ha creduto
due signore.
ORTENSIA: Bene. Così ci tratterà meglio.
DEIANIRA: Ma ci farà pagare di più.
ORTENSIA: Eh, circa i conti, dovrà farli con me. 5
Sono molti anni ormai che viaggio per il mondo.
DEIANIRA: Non vorrei che questi titoli ci creassero
dei problemi.
ORTENSIA: Coraggio, Deianira! Di che cosa hai
paura? Due attrici come noi, abituate a impersona- 10
re sul palcoscenico contesse, regine e principesse,
non possono avere difficoltà a passare per signore
in una locanda, no?

DEIANIRA: Arriveranno quegli altri della nostra compagnia e ci tradiranno subito.

ORTENSIA: Per oggi non possono arrivare a Firenze. Da Pisa a qui in *barca* ci vogliono almeno due giorni.

DEIANIRA: Che *bestialità* venire in barca!

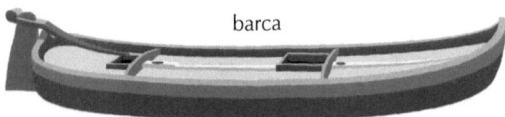

barca

ORTENSIA: È che sono senza soldi. Grazie a Dio noi abbiamo potuto venire in *calesse*.

DEIANIRA: ...E grazie a quella recita in più che abbiamo fatto.

ORTENSIA: Sì, ma se io non insistevo, non ce la avremmo mai fatta.

registro

---

bestialità, cosa stupida.
calesse, carro.

SCENA DICIANNOVESIMA

Fabrizio, Deianira e Ortensia.

FABRIZIO: (Bussa.) Posso, illustrissime?

ORTENSIA: Avanti.

FABRIZIO: (Entra.) La padrona arriverà tra poco.

ORTENSIA: Bene.

FABRIZIO: Ed io vi prego di volermi dire come posso 5
esservi utile. Vedrete che vi servirò degnamente,
signore Illustrissime.

ORTENSIA: Appena ne avrò bisogno, La chiamerò.

DEIANIRA: (Tra sé.) Ortensia la parte della signora la
fa benissimo. 10

FABRIZIO: Intanto vi prego, illustrissime signore, di
dirmi cortesemente i vostri nomi per il *registro*.

DEIANIRA: (Tra sé.) Ora viene il bello!

ORTENSIA: Perché devo dirLe il mio nome?

FABRIZIO: Per legge. Noi locandieri dobbiamo regi- 15
strare il *nome*, il *titolo*, e la *cittadinanza* di tutti i
clienti che alloggiano alla nostra locanda. E se non
lo facessimo, avremmo dei seri problemi.

DEIANIRA: (Piano a Ortensia.) Ortensia, lascia stare
i titoli. 20

ORTENSIA: Scriva dunque: baronessa Ortensia Del
Poggio, *palermitana*.

FABRIZIO: (Tra sé) Siciliana? Hmn… Sangue caldo.
(A Deianira.) E Lei illustrissima?

DEIANIRA: (Confusa.) Ed io…. 25

ORTENSIA: Su, contessa Deianira, perché non dice il
Suo nome al cameriere?

---

palermitana, di Palermo

FABRIZIO: (A Deianira.) La prego.

DEIANIRA: Come?

FABRIZIO: Illustrissima contessa, qual è il Suo cognome?

5 DEIANIRA: (Piano, timidamente) Che guaio!

FABRIZIO: Come?

ORTENSIA: (A Fabrizio.) Ma sì… "Del Guaio, *romana*." Non l'ha sentito?

FABRIZIO: Bene, bene, grazie. Non mi serve altro.

10 Ora verrà la padrona. (Tra sé.) *Però*! Una baronessa e una contessa! Io l'ho detto che erano due signore *distinte*! Spero di fare dei buoni affari con loro. Certamente le mance non mancheranno. (Esce.)

SCENA VENTESIMA
Mirandolina, Deianira e Ortensia.

DEIANIRA: (Scherzando.) Carissima signora Baronessa.

15 ORTENSIA: Contessa, i miei omaggi!

DEIANIRA: Invero, eccellenza, mi considero fortunata ed immensamente onorata di avere la graditissima occasione di porgerLe i miei più rispettosi saluti.

ORTENSIA: Ma la prego, eccellentissima, non mi
20 faccia arrossire! I Suoi cortesi saluti, che ricambio prontamente, sono e saranno sempre i più immensamente graditi!

MIRANDOLINA: (Sente il dialogo da fuori della porta.) Oh, quante *arie si danno* queste signore!

---

romana, di Roma.
però! esclamazione.
distinte, di alta classe.
darsi delle arie, vantarsi.

ORTENSIA: (Sente un rumore fuori dalla porta.) Zitta! È qui la padrona. (Apre la porta.)

MIRANDOLINA: (Entra con il *capo* basso.) M'inchino di fronte a queste signore.

ORTENSIA: Buon giorno, bella giovane.   5

MIRANDOLINA: (Ad Ortensia.) Permetta che io Le baci la mano.

ORTENSIA: Se insiste… (Le dà la mano.)

DEIANIRA: Ih! (Ride tra sé.).

MIRANDOLINA: Anche Lei, illustrissima. (A Deianira.)   10

DEIANIRA: Oh, non importa.

ORTENSIA: (A Deianira.) Via, Le dia la mano.

MIRANDOLINA: La prego.

DEIANIRA: E va bene, tenga. (Le dà la mano, si volta, e ride.)   15

MIRANDOLINA: Ride, illustrissima? E perché?

ORTENSIA: Oh, la contessa ride ancora di me. Poco fa ho detto una sciocchezza che la fa ancora ridere.

MIRANDOLINA: Capisco. (Tra sé.) Secondo me, queste non sono vere signore, altrimenti non sa- 20 rebbero sole.

ORTENSIA: (A Mirandolina.) Circa il conto della locanda…

MIRANDOLINA: Ma come? Voi mi chiedete il conto? Siete sole? Senza i vostri signori e i vostri servi- 25 tori? Senza nessuno?

ORTENSIA: Mio marito, il barone Alfonso Del Poggio…

DEIANIRA: Ih, ih! (Ride.)

MIRANDOLINA: Perché ride, signora?   30

ORTENSIA: Già, perché ride, contessa?

---

capo, testa.

43

DEIANIRA: Rido… Per colpa di Suo marito.

ORTENSIA: (A Mirandolina.) Sì, sa… È un gentiluomo molto divertente: scherza sempre e racconta delle barzellette irresistibili. Verrà quanto prima con il
5 conte Umberto Del Guaio, marito della contessina.

DEIANIRA: Ih, ih, ih! (Ride.)

MIRANDOLINA: La fa ridere anche il signor conte?

ORTENSIA: *Orsù*, contessa! Perché continua a ridere?

10 MIRANDOLINA: Signore mie, per favore. (Chiude la porta.) Siamo sole adesso: nessuno ci sente. Tutti questi titoli, non è che per caso…

ORTENSIA: Che cosa vuole dire? Lei mette in dubbio la nostra nobiltà?

15 MIRANDOLINA: Perdoni, illustrissima, ma non si arrabbi, altrimenti farà ridere ancora la signora contessa.

DEIANIRA: Ma dài, Ortensia! A che serve…?

ORTENSIA: (Minacciandola.) Contessa! Contessa!

MIRANDOLINA: (A Deianira.) Io ho capito cosa vo-
20 leva dire, "illustrissima."

DEIANIRA: Davvero? Allora Lei è davvero *in gamba*!

MIRANDOLINA: Voleva dire: "A che serve che fingiamo d'esser due nobili signore?" Non è vero?

DEIANIRA: Lei sì che non si è fatta *infinocchiare*!

25 ORTENSIA: Che brava *commediante*! Non è capace di recitare la parte di una nobile neanche per cinque minuti!

---

orsù, ora su (esortazione).
in gamba, brava.
infinocchiare, ingannare.
commediante, attore o attrice comica.

DEIANIRA: Mi dispiace, Ortensia, ma fuori di scena io non so fingere.

MIRANDOLINA: Brava, signora contessa. Mi piace il suo spirito e apprezzo la sua sincerità.

ORTENSIA: Sa… Qualche volta ci piace divertirci un po'. 5

MIRANDOLINA: Oh, io amo infinitamente le persone con il senso dell'umorismo. Vi prego, restate nella mia locanda e godetevi pure questa camera finché qualcuno di alto rango non me la chiederà. 10 Allora, eventualmente, vi chiederò di scusarmi e di transferirvi in un paio di camere da letto.

DEIANIRA: Sì, volentieri.

ORTENSIA: Ma io, *dal momento che* sto spendendo il mio denaro, vorrei esser servita come una vera 15 signora…

MIRANDOLINA: Via, signora baronessa… (Apre la porta e fa per uscire ma vede arrivare il Marchese.) Oh! Ecco un marchese che è alloggiato in questa locanda. Quando ci sono donne, non manca mai! 20

ORTENSIA: È ricco?

MIRANDOLINA: Mi spiace, non lo so.

SCENA VENTUNESIMA
Il Marchese, Mirandolina, Deianira e Ortensia.

MARCHESE: Con permesso? Posso entrare?

ORTENSIA: Avanti, La prego.

MARCHESE: (Entra.) Buon giorno, illustrissime. 25

DEIANIRA: Buon giorno a Lei.

| *dal momento che*, poiché.

ORTENSIA: Buon giorno.

MARCHESE: (A Mirandolina.) Sono forestiere?

MIRANDOLINA: Eccellenza, sì. Sono venute ad onorare la mia locanda.

5 ORTENSIA: (Tra sé.) Però! È un'eccellenza!

DEIANIRA: (Tra sé.) Ortensia sembra già interessata.

MARCHESE: E chi sono dunque queste signore?

MIRANDOLINA: Permetta che glieLe presenti. Questa è la baronessa Ortensia Del Poggio, e questa la

10 contessa Deianira Del Guaio.

MARCHESE: Onoratissimo, graziose signore.

DEIANIRA: (Tra sé.) Dunque la locandiera vuole continuare la nostra commedia.

ORTENSIA: E Lei chi è, caro signore?

15 MARCHESE: Io sono il Marchese di Forlipopoli.

ORTENSIA: Sono lieta di conoscere un gentiluomo così nobile.

MARCHESE: Se vi potessi servire, non esitate a chiamarmi. Ho piacere che siate venute ad alloggiare

20 in questa locanda. Troverete una padrona eccezionale.

MIRANDOLINA: Questo signor Marchese è troppo gentile... E mi onora della sua protezione.

MARCHESE: Sì, certamente. Io la proteggo, e proteg-

25 go tutti quelli che vengono nella sua locanda. Se vi posso servire, chiamatemi.

ORTENSIA: Certamente se ne avremo bisogno, approfitteremo della sua *benevolenza*.

MARCHESE: (A Deianira.) Anche Lei, signora contes-

30 sa, faccia pure conto su di me.

| *benevolenza*, gentilezza, cortesia.

DEIANIRA: Sarò immensamente lieta di poter consi-
derarmi tra coloro che godono dei Suoi cortesissi-
mi servizi.

MIRANDOLINA: (Piano a Ortensia.) Però! Conosce
la sua parte!   5

ORTENSIA: (Piano a Mirandolina.) Sarà perché l'ha
chiamata "contessa."

MARCHESE: Bene, dunque. (Tira fuori di tasca un bel
fazzoletto di seta, lo spiega, e finge di volersi asciu-
gare la fronte.)   10

MIRANDOLINA: Un gran bel fazzoletto, signor Marchese!

MARCHESE: (Si ferma prima di asciugarsi la fronte.)
Ah! Che ne dite? È bello? Ho buon gusto io?

MIRANDOLINA: Certamente avete un ottimo gusto.   15

MARCHESE: (A Ortensia.) Ne ha mai visti Lei di così
belli?

ORTENSIA: È bellissimo. Non ne ho mai visto uno di
simile. (Tra sé.) Se me lo desse, lo prenderei.

MARCHESE: (A Deianira.) Questo viene da Londra.   20

DEIANIRA: È bello. Mi piace moltissimo.

MARCHESE: Allora, ho buon gusto?

MIRANDOLINA: Il signor Marchese sa scegliere
bene.

MARCHESE: (Piega il fazzoletto con attenzione.) Bi-   25
sogna piegarlo bene, perché il fazzoletto non si
rovini. Tenga. (Lo porge a Mirandolina.)

MIRANDOLINA: Vuole che io lo metta nella Sua camera?

MARCHESE: No. Lo metta nella Sua.   30

---

fazzoletto di seta, vedi illustrazione a pag. 49.

MIRANDOLINA: Perché nella mia?

MARCHESE: Perché Glielo dono.

MIRANDOLINA: Oh, Eccellenza, mi perdoni ma…

MARCHESE: È per Lei: un regalo.

5 MIRANDOLINA: Ma io non lo voglio.

MARCHESE: La prego, non mi offenda.

MIRANDOLINA: Oh, signor Marchese, Lei lo sa che io non voglio mai offendere nessuno. E poiché non voglio che neanche Lei si senta offeso, lo prenderò.

10 DEIANIRA: (Piano ad Ortensia.) Che scena!

ORTENSIA: (A Deianira.) E poi *la gente* parla male delle commedianti!

MARCHESE: (A Ortensia.) Eh! Cosa ne dite? Un fazzoletto di quella sorta, l'ho donato alla mia padro-
15 na di casa.

ORTENSIA: Lei è un gentiluomo davvero generoso.

MARCHESE: Certamente.

MIRANDOLINA: (Tra sé.) Questo è il primo regalo che mi ha fatto, e non so come abbia avuto quel
20 fazzoletto.

DEIANIRA: Signor Marchese, dove si trovano quei fazzoletti in Firenze? Vorrei tanto averne uno come quello.

MARCHESE: Uguale a quello sarà difficile; ma vedrò
25 se posso trovarne ancora.

MIRANDOLINA: (Tra sé.) Brava la signora Contessina!

ORTENSIA: Signor Marchese, Lei che conosce bene la città, sarebbe così gentile da mandarmi un bravo *calzolaio*, perché ho bisogno di *scarpe*. (Gli mostra
30 la punta di una scarpa.)

---

la gente, le persone.
calzolaio, uno che fa e vende scarpe.

MARCHESE: Sì, Le manderò il mio.

MIRANDOLINA: (Tra sé.) Il "suo" calzolaio deve essere… Quello che non lo conosce ancora.

ORTENSIA: Caro signor Marchese, ci faccia compagnia. 5

DEIANIRA: Venga a pranzo con noi.

MARCHESE: Sì, volentieri. (Piano a Mirandolina.) Mirandolina, non sia gelosa. Lo sa che io Le appartengo e sono solo Suo.

MIRANDOLINA: (Piano al Marchese.) Non si preoc- 10 cupi: sono contenta che Lei si diverta un po'.

ORTENSIA: Ci fa piacere se Lei rimane con noi perché non conosciamo nessuno.

DEIANIRA: Lei è il nostro solo *cavaliere*.

MARCHESE: Oh care le mie signore! Vi servirò vo- 15 lentieri.

fazzoletto di seta   scarpa

| fare da *cavaliere*, essere un gentiluomo accompagnatore.

SCENA VENTIDUESIMA
Il Conte, il Marchese, Mirandolina,
Deianira e Ortensia.

CONTE: Mirandolina, La stavo cercando.

MIRANDOLINA: Come vede, sono qui con queste
signore.

CONTE: Signore? M'inchino umilmente.

5 ORTENSIA: Buon giorno! (Piano a Deianira.) Questo
è un nobile ancora più ricco di quell'altro.

DEIANIRA: (Piano ad Ortensia.) Ma io non son brava
a farmi dare regali.

MARCHESE: (Piano a Mirandolina.) Psh! Mostri al
10 Conte il fazzoletto.

MIRANDOLINA: Guardi, signor Conte, che bel regalo mi ha fatto il signor Marchese. (Mostra il fazzoletto al Conte.)

CONTE: Oh, bene! Bravo, signor Marchese.

15 MARCHESE: Eh niente, niente. *Bagatelle*! Per favore,
lo metta via! Non voglio che Lei lo mostri. I regali
che faccio devono rimanere un segreto.

MIRANDOLINA: (Tra sé.) Ma se è stato lui a chieder-
mi di mostrarlo? (Mette il fazzoletto in tasca.)

20 CONTE: (A Mirandolina.) Con il permesso di queste
signore, vorrei parlarLe.

ORTENSIA: La prego, parli pure liberamente.

MARCHESE: (A Mirandolina.) Rovinerà quel fazzoletto mettendolo così in tasca.

25 MIRANDOLINA: Eh, non si preoccupi. (Tra sé.) Lo
metterò sott'olio perché non si strisci.

CONTE: (A Mirandolina, mostrando una collana.)

| *bagatella*, cosa di poco valore.

50

Osservi questo piccolo gioiello.

ORTENSIA e DEIANIRA: Oh!

MIRANDOLINA: È davvero molto bello.

CONTE: È una collana di diamanti che va bene con gli orecchini che Le ho donato. 5

MIRANDOLINA: Oh, certo, ma è ancora più bella.

MARCHESE: (Tra sé.) Sia maledetto il Conte, i suoi diamanti, i suoi dannati soldi! Che il diavolo se lo porti.

CONTE: (A Mirandolina.) Ora, se permette, Le dono 10 anche questo gioiello.

MIRANDOLINA: Mi spiace ma non lo posso accettare.

CONTE: Non vorrete certo offendermi.

MIRANDOLINA: Oh, no! Per carità! Non vorrei mai 15 offendere nessuno e, per non ferirLa, caro Conte, prenderò il suo regalo. (Guarda il regalo del conte, poi lo mostra al Marchese.) Ah! Che ne dice, signor Marchese? Questo gioiello non è davvero bello?

MARCHESE: Nel suo genere… il fazzoletto è più di 20 buon gusto.

CONTE: Sì, ma… da genere a genere vi è una bella "differenza."

MARCHESE: (Al Conte.) Vergogna! Vantarsi in pubblico di una grande spesa! 25

CONTE: Sì, sì, lo so: Lei fa i suoi regali… "in segreto."

MIRANDOLINA: (Tra sé.) E intanto... *Fra i due litiganti il terzo gode.*"

MARCHESE: E così, carissime signore, sarò a pranzo con voi. 30

---

fra i due litiganti il terzo gode, quando due litigano o si fanno guerra, qualcun altro ne trae vantaggio (proverbio).

ORTENSIA: E quest'altro signore chi è?

CONTE: Sono il Conte d'Albafiorita, per servirvi.

DEIANIRA: Però! Signor Conte, la Sua è una famiglia assai illustre!

5 CONTE: In effetti, carissima signora!

ORTENSIA: Anche Lei è alloggiato in questa locanda?

CONTE: Sì, signora.

DEIANIRA: E rimarrà a lungo?

CONTE: Credo di sì.

10 MARCHESE: Signore mie, sarete stanche per il viaggio, perché non vi riposate un po' prima di pranzo?

ORTENSIA: (Ignorandolo) Di che paese è Lei, signor Conte?

CONTE: Sono di Napoli.

15 ORTENSIA: Oh! Siamo quasi conpatrioti. Io sono di Palermo.

DEIANIRA: Io invece sono di Roma, ma sono stata a Napoli una volta e volevo tanto conoscere un nobile napoletano.

20 CONTE: Sono lieto che ci siamo conosciuti. Siete sole, signore? Non avete nessun cavaliere?

MARCHESE: Ci sono qui io e queste signore non hanno bisogno di Lei.

ORTENSIA: Siamo sole, signor Conte. Poi Le diremo
25 il perché.

CONTE: Mirandolina?

MIRANDOLINA: Signore?

CONTE: Fate preparare il pranzo nella mia camera per tre. (Ad Ortensia e Deianira) Mi onorerete del-
30 la vostra presenza?

ORTENSIA: Con piacere, signor Conte.

MARCHESE: Ma io sono stato invitato da queste signore.

CONTE: Queste signore sono libere di pranzare con chi vogliono, ma alla mia piccola tavola non c'è posto per più di tre persone.

MARCHESE: Oh bella! Un tavolo con tre lati! Vorrei un po' vederlo…   5

ORTENSIA: Andiamo, andiamo pure, signor Conte. Il signor Marchese ci farà compagnia un'altra volta. (Esce.)

DEIANIRA: Signor Marchese, se trova il fazzoletto, mi raccomando! (Esce.)   10

MARCHESE: Conte, Conte, me la pagherà!

CONTE: Di che si lamenta, signor Marchese?

MARCHESE: Sono chi sono, e Lei non deve… Lo sa… Basta! Quella vorrebbe un fazzoletto? Un fazzoletto come quello? Non l'avrà. Mirandolina, se   15
lo conservi con cura: fazzoletti di quel tipo non se ne trovano più. Mi creda: di diamanti se ne trovano sempre, ma di fazzoletti di quel tipo non se ne trovano proprio più. (Esce.)

MIRANDOLINA: (Tra sé.) Oh, che bel tipo!   20

CONTE: Cara Mirandolina, Le dispiace che io pranzi con queste due dame?

MIRANDOLINA: Niente affatto, signore Conte.

CONTE: Veramente, lo faccio per Lei. Lo faccio per aumentare i profitti della locanda. In ogni caso,   25
come Lei sa, il mio cuore è solo Suo, e così sono tutte le mie ricchezze, delle quali Lei può disporre liberamente. (Esce.)

SCENA VENTITREESIMA
Mirandolina sola.

MIRANDOLINA: Con tutte le sue ricchezze, con tutti i suoi regali, il Conte non riuscirà mai a farmi innamorare di lui. E ancora meno possibilità ha il Marchese con la sua ridicola protezione. È vero che, se dovessi scegliere uno di questi due, certamente prenderei quello che spende di più. Ma non mi interessa né l'uno né l'altro. Ho preso l'impegno di fare innamorare il Cavaliere di Ripafratta, e sarà un piacere che vale il doppio di questo gioiello. Farò del mio meglio; non so se sarò brava come quelle due attrici comiche, ma farò del mio meglio. Intanto, il Conte ed il Marchese, che con quelle signore si stanno divertendo, mi lasceranno in pace; e sarò libera di *raddolcire* il Cavaliere. È possibile che quell'orso non voglia cedere? Chi può resistere ad una donna che sa far uso della sua arte di seduzione? Chi fugge *codardemente* non può esser vinto, ma un uomo assediato da una donna non può resistere a lungo: prima o poi, finisce per cedere alla tentazione, no? (Esce.)

raddolcire, rendere dolce.
codardemente, senza coraggio.

DOMANDE

1. Chi sono Ortensia e Deianira?
2. Perché le due giovani donne pretendono di essere nobili?
3. Cosa vuole Fabrizio da loro due?
4. Perché Mirandolina non crede che siano nobili?
5. Cosa regala il Marchese a Mirandolina?
6. Che cosa promette il Marchese a Ortensia? E a Deianira?
7. Cosa regala il Conte a Mirandolina?
8. Secondo Mirandolina, chi sono "i due litiganti"? E chi è "il terzo che gode"?
9. Ortensia e Deianira pranzeranno con il Marchese o con il Conte? Perché?
10. Mirandolina è gelosa delle due giovani donne?

ATTO SECONDO

SCENA PRIMA

Camera del Cavaliere, con la tavola apparecchiata
per il pranzo e le sedie. Il Cavaliere ed il suo Servitore, poi arriva Fabrizio con un *vassoio* pieno. Il
Cavaliere passeggia con un libro in camera da letto.
Fabrizio mette la *zuppa* in tavola.

FABRIZIO: (Al Servitore.) Di' al tuo padrone che, se
vuole venire a pranzo, la zuppa è in tavola.

SERVITORE: (A Fabrizio.) Ma glielo puoi dire anche tu!

FABRIZIO: È un tipo così *stravagante* che non gli
parlo per niente volentieri.   5

SERVITORE: Eppure non è cattivo. Non può veder le
donne, ma con gli uomini è gentilissimo.

FABRIZIO: (Tra sé.) Non può vedere le donne?
(Uscendo.) Povero stupido! Evidentemente, non sa
quel che c'è di buono!   10

SERVITORE: (Al Cavaliere.) Signore, si accomodi: è
pronto in tavola.

CAVALIERE: (Il Cavaliere mette giù il libro e va a sedersi a tavola.) Mi pare che questa mattina pranzia-
mo prima del solito.   15

SERVITORE: (Il Servitore dietro la sedia del Cavaliere, con il vassoio sotto il braccio.) Questa camera è
stata servita prima di tutte. Il signor Conte d'Albafiorita insisteva per essere servito per primo, ma la
padrona ha voluto che i camerieri portassero il   20
pranzo prima a Lei.

---

vassoio, zuppa, vedi illustrazione a pag. 59.
stravagante, strano.

CAVALIERE: Sono grato alla padrona per l'attenzione che mi dimostra.

SERVITORE: È una donna molto in gamba, Signore. Malgrado io abbia viaggiato parecchio, non ho mai trovato una locandiera più *garbata* di questa.

CAVALIERE: (Voltandosi verso il Servitore.) Ti piace, eh?

SERVITORE: Se non Le facessi un torto, non mi dispiacerebbe diventare un cameriere nella locanda di Mirandolina.

CAVALIERE: Poveretto! (Gli dà il piatto vuoto.) E che cosa vorresti fare per lei?

SERVITORE: (Mette un piatto pulito sul tavolo.) Una donna come quella… la servirei come un *cagnolino*. (Esce.)

CAVALIERE: Per Bacco! Davvero questa donna incanta tutti! Magari incanterà anche me prima o poi! Certo però che dovrebbe sbrigarsi: domani me ne vado a Livorno. Dovrebbe farcela entro oggi… (Ride.) Impossibile! Nessuno potrà mai farmi cambiare idea sulle donne nemmeno… la migliore di loro!

garbata, bene educata.
cagnolino, piccolo cane.

tavola apparecchiata

bottiglia di vino

uova sode

caraffa

zuppa

fetta di pane

piatto vuoto

Orvieto

bicchiere

coltello   pesce (trota ai ferri)   pollo   vassoio   pipa   salsa

SCENA SECONDA
Il Cavaliere e il suo Servitore.

SERVITORE: (Portando il pollo ed un altro piatto.) La locandiera mi ha detto che, se non le piace il *pollo*, le manderà del *pesce*.

CAVALIERE: Mi piace tutto. E questo che cos'è? (In-
5 dicando l'altro piatto.)

SERVITORE: Ah, la padrona mi ha anche detto che vorrebbe sapere se Le piace questa *salsa*, perché l'ha fatta lei con le sue mani.

CAVALIERE: Questa donna mi tratta davvero con
10 molto riguardo. (Assaggia la salsa.) È deliziosa. Dil-
le che mi piace molto e che la ringrazio.

SERVITORE: Glielo dirò certamente, Signore.

CAVALIERE: Va' a dirglielo subito!

SERVITORE: Come vuole. (Tra sé, prima di uscire.)
15 Incredibile! Il mio padrone manda un complimento a una donna!

CAVALIERE: (Mangiando.) Questa salsa è squisita: non ne ho mai assaggiata una migliore. Certamente, se Mirandolina continuerà a fare così, avrà sem-
20 pre molti clienti alla sua locanda. Buona tavola, buona biancheria e… E non si può negare che lei sia davvero gentile. Ma quel che più stimo in lei, è la sincerità, che è una gran bella cosa, specialmen-
te in una donna. Infatti, perché non posso soppor-
25 tare le donne? Perché sono tutte finte e *bugiarde*. Ma questa qui…

| *bugiardo*, uno che racconta bugie.

SCENA TERZA
Il Cavaliere e il suo Servitore.

SERVITORE: (Torna velocemente.) La signora locandiera La ringrazia del complimento e della Sua
gentilezza.

CAVALIERE: E bravo il mio ambasciatore! Ben fatto.

SERVITORE: Ora Le sta preparando con le sue mani 5
un altro piatto.

CAVALIERE: Un altro piatto?

SERVITORE: Sì, signore; ma non so dirLe che cosa
sia.

CAVALIERE: Dammi da bere! 10

SERVITORE: La servo. (Prende la *caraffa*.)

CAVALIERE: Questa locandiera mi tratta con troppo
riguardo. Penso che dovrò ripagarla con molta ge-
nerosità. Forse mi costerà il doppio. Mi conviene
trattarla bene, ma andare via presto. (Il Servitore gli 15
versa da bere.)

CAVALIERE: Il Conte è andato a pranzo? (Beve.)

SERVITORE: Sì, in questo momento. Oggi vuol fare...
un banchetto: ha invitato due signore a pranzare
con lui. 20

CAVALIERE: Due signore? E chi sono?

SERVITORE: Sono arrivate a questa locanda poche
ore fa. Non so chi siano.

CAVALIERE: Le conosceva il Conte?

SERVITORE: Credo di no; ma appena le ha viste, le 25
ha invitate a pranzare con lui.

CAVALIERE: Che *farfallone*! Appena vede una gon-
na, subito le va dietro. E queste due poi hanno

farfallone, playboy.

subito accettato. Solo il Cielo sa da dove vengono, ma è chiaro che hanno tutte le *doti* per suscitare l'interesse del Conte, no? Comunque sia, sono sempre donne, e questo mi basta: sono certo che il
5 Conte si rovinerà corteggiandole. Dimmi: e il Marchese è a tavola?

SERVITORE: È uscito di casa, e nessuno lo ha più visto.

CAVALIERE: (Pensando ancora a il Conte.) A tavola
10 con due dame? Che bella compagnia! Con le loro *smorfie* mi farebbero passar l'appetito.

SERVITORE: Con permesso. (Prende il *piatto vuoto*.)

SCENA QUARTA
Mirandolina, il Cavaliere e il suo Servitore.

MIRANDOLINA: (Arriva con un piatto in mano e bussa alla porta *socchiusa*.) Posso entrare?
15 CAVALIERE: Chi è?
MIRANDOLINA: Sono Mirandolina, Signore. (Entra.) Le ho portato un'altra *pietanza*.
CAVALIERE: (Al servitore.) Presto, va' a prendere quel piatto! (Il servitore s'affretta.)
20 MIRANDOLINA: La prego, lasci ch'io abbia l'onore di metterglielo in tavola colle mie mani. (Mette in tavola la pietanza.)
CAVALIERE: Questo non è compito Suo.
MIRANDOLINA: E perché no, Signore? In fondo, chi

doti, talenti.
smorfia, spiacevole espressione del volto.
socchiusa, non completamente chiusa.
pietanza, cosa da mangiare.

sono io se non la serva di chiunque venga alla mia locanda?

CAVALIERE: (Tra sé.) Che umiltà!

MIRANDOLINA: In verità, vorrei poter servire personalmente tutti in tavola, ma non lo faccio per discrezione –come Lei certo comprende. Ma con Lei è differente: non ho ragione di preoccuparmi e vengo senza scrupoli.

CAVALIERE: Quand'è così, La ringrazio. Che cos'è questo?

MIRANDOLINA: È una *trota ai ferri* che Le ho preparato con le mie mani. Spero che Le piaccia.

CAVALIERE: Oh, sono certo che mi piacerà. Se l'ha fatto Lei, sarà buono senz'altro. (Comincia a mangiare.)

MIRANDOLINA: Lei è troppo buono, Signore! Davvero vorrei essere tanto brava come dice Lei, così da poter servire degnamente una personalità di riguardo come la Sua.

CAVALIERE: Ah, sì? (Tra sé.) Domani, subito a Livorno! (Vedendo che Mirandolina non esce.) Se ha da fare, non perda tempo con me.

MIRANDOLINA: Non si preoccupi, Signore: la casa è ben fornita di cuochi e servitori. Avrei piacere di sapere, invece, se Le piace quello che Le ho preparato.

CAVALIERE: Ma volentieri! (Mangia un altro pezzo di trota.) Buona, *squisita!* Ha davvero un non-so-che!

MIRANDOLINA: Eh, io, signore, ho dei segreti particolari. Modestamente, queste mani sanno fare delle belle cose!

CAVALIERE: (Al Servitore, un po' imbarazzato.) Dammi da bere!

squisito, delizioso.
trota ai ferri, vedi illustrazione a pag. 59.

MIRANDOLINA: Con questo piatto, Signore, bisogna bere un buon vino bianco.

CAVALIERE: (Al Servitore.) Dammi del vino di Orvieto.

5 MIRANDOLINA: Bravissimo. Il vino di Orvieto è
perfetto. Secondo me, per pasteggiare è il miglior
vino che ci sia.

CAVALIERE: Lei ha molto buon gusto. (Il Servitore va
in camera, prende una bottiglia, torna, e mostra la
10 bottiglia al Cavaliere. Il Cavaliere *annuisce*, il servitore apre la bottiglia, la versa, e serve un bicchiere al Cavaliere.)

MIRANDOLINA: Be', devo ammettere che poche
volte mi sbaglio.

15 CAVALIERE: Eppure penso che questa volta si stia
sbagliando.

MIRANDOLINA: Perché, Signore?

CAVALIERE: Perché crede che io meriti un trattamento di riguardo.

20 MIRANDOLINA: Sa, signor Cavaliere,… (Sospirando.)

CAVALIERE: (Preoccupato.) Cosa c'è?

MIRANDOLINA: Le dirò: io tento di essere gentile
con tutti, ma poi resto spesso delusa e così mi ren-
do conto che non ne valeva la pena.

25 CAVALIERE: (Calmandosi.) Oh, non si preoccupi: io
non dimenticherò le Sue cortesie.

MIRANDOLINA: Oh, ma La prego, non mi preintenda: con Lei volevo solo fare il mio dovere, che è
quello di servire una personalità come Lei con il
30 dovuto riguardo.

CAVALIERE: No, no, ho capito benissimo… Non

| *annuire*, fare segno di "sì" con la testa.

64

sono così ingenuo come crede. Ma stia tranquilla:
non avrà di che lamentarsi.

MIRANDOLINA: Ma, Signore…

CAVALIERE: Alla Sua salute! (Beve.)

MIRANDOLINA: Grazie. Lei mi fa troppo onore. 5

CAVALIERE: Questo vino è davvero squisito. (*Poggia*
il bicchiere ancora mezzo pieno sulla tavola.)

MIRANDOLINA: Il vino di Orvieto è la mia passione.

CAVALIERE: Se vuole… (Le offre del vino indicando
la bottiglia.) 10

MIRANDOLINA: Oh! No, grazie.

CAVALIERE: Ha già pranzato?

MIRANDOLINA: Sì, signore.

CAVALIERE: Allora, ne prende un bicchierino?

MIRANDOLINA: Io non merito un simile tratta- 15
mento.

CAVALIERE: Davvero, glielo offro volentieri.

MIRANDOLINA: Non so che dire.

CAVALIERE: Coraggio!

MIRANDOLINA: Be'… se insiste. 20

CAVALIERE: Insisto. (Al Servitore.) Porta un bicchiere.

MIRANDOLINA: No, no, lasci stare: prenderò questo. (Prende il bicchiere del Cavaliere.)

CAVALIERE: Ma… Ma l'ho usato io, quello!

MIRANDOLINA: Non importa. (Ridendo.) Sarà un 25
onore condividere qualcosa con Lei.

CAVALIERE: (Ride.) Eh, questo è rubare! (Il Servitore
intanto prende un altro bicchiere, lo riempie e lo
poggia in tavola. Il Cavaliere si serve.) Comunque,
alla Sua salute! 30

MIRANDOLINA: Grazie. (Ne beve un sorso ma poi

| *poggiare*, mettere.

si ferma.) È un po' che ho mangiato: ho paura che mi faccia male.

CAVALIERE: Non c'è pericolo.

MIRANDOLINA: Posso avere, per favore, un *bocconcino* di pane?

CAVALIERE: Volentieri. (Le dà una *fetta di pane*.) Tenga, si serva pure. (Mirandolina con il bicchiere di vino in una mano, e il pane nell'altra, non sa come fare per spezzare un pezzo di pane più piccolo da inzuppare nel vino.)

CAVALIERE: Oh, mi scusi, La prego! Non può certo spezzare il pane stando lì in piedi. La prego, si accomodi. (Indica la sedia a lato della tavola.)

MIRANDOLINA: Oh, no! Non posso.

CAVALIERE: Via, via, siamo soli. (Fa cenno al Servitore che sposta la sedia dal tavolo per far accomodare Mirandolina.)

MIRANDOLINA: Se lo sapessero il signor Conte ed il signor Marchese, povera me!

CAVALIERE: E perché?

MIRANDOLINA: Mi hanno offerto cento volte di bere o mangiare qualcosa con loro e non ho mai voluto farlo.

CAVALIERE: Via, non si faccia tutti questi scrupoli! Noi non lo diremo a nessuno (Guardando il Servitore.)

SERVITORE: (Annuendo.) Naturalmente.

MIRANDOLINA: Allora… mi siedo. (Si siede.)

CAVALIERE: Finalmente. (Il Servitore si allontana un po'.) Mi dica: a cosa vuole brindare?

MIRANDOLINA: A tutto quello che piace al signor Cavaliere!

| *bocconcino*, un piccolo pezzo.

CAVALIERE: La ringrazio, Lei è davvero gentile.

MIRANDOLINA: Peccato che questo *brindisi* non riguardi le donne.

CAVALIERE: No? E perché?

MIRANDOLINA: Perché so bene che non Le piacciono le donne. 5

CAVALIERE: È vero, non le ho mai potute sopportare.

MIRANDOLINA: Avrà senz'altro delle buone ragioni!

CAVALIERE: Sì, ma non vorrei… (Esita di dire il resto 10 di fronte al Servitore.)

MIRANDOLINA: Che cosa, signore?

CAVALIERE: Senta! (Le fa cenno di accostarsi e poi le sussurra all'orecchio.) Non vorrei che Lei mi facesse cambiare idea! (Ridono.) 15

SERVITORE: (Tra sé.) Il mio padrone si sta proprio *rammollendo*! Questa sarebbe davvero la prima volta!

MIRANDOLINA: Io, signore? E come?

CAVALIERE: (Al Servitore.) Ho ancora un po' di fame. Fammi cucinare… due uova, e quando sono cotte, 20 portamele!

SERVITORE: Coma le vuole le uova?

CAVALIERE: Ben sode. Controlla che siano ben sode.

SERVITORE: Ho capito. (Tra sé, uscendo.) Sì, ho capito che il padrone è ben cotto anche lui! 25

CAVALIERE: Mirandolina, penso che Lei sia una giovane davvero in gamba.

MIRANDOLINA: (Ride.) Oh, Lei mi prende in giro, non è così?

CAVALIERE: No, senta, voglio dirLe una cosa vera, 30 verissima, e gliela voglio dire con tutta sincerità.

---

rammollire, diventare tenero.

MIRANDOLINA: (Si fa seria.) Va bene. Mi dica pure.

CAVALIERE: Lei è la prima donna di questo mondo, con cui ho avuto piacere ad avere a che fare.

MIRANDOLINA: Veramente?

5 CAVALIERE: In tutta onestà.

MIRANDOLINA: Le dirò, signor Cavaliere, penso che a volte capiti di provare istintivamente della simpatia per delle persone che non si conoscono affatto. Anch'io ho provato subito della simpatia per Lei che

10 non avevo mai provato per nessun altro.

CAVALIERE: (Imbarazzato.) Ho paura che Lei mi stia facendo confondere.

MIRANDOLINA: Oh via, signor Cavaliere! Lei è un uomo padrone di se stesso, e sa quello che fa. Sono

15 certa che non si lascerà andare e che si comporterà sempre discretamente. In verità, se non mi fidassi più di Lei, non oserei mai mettere piede qui dentro. Sa, anch'io mi sento un non-so-che di dentro che non ho mai sentito prima. Ma non voglio per-

20 dere la testa per un uomo, e molto meno per uno che odia le donne e che forse per prendersi gioco di me viene ora fuori con un discorso nuovo… Insomma, non so. Signor Cavaliere, La prego, mi versi un altro poco di Orvieto.

25 CAVALIERE: Ha ragione: ci vuole dell'altro vino. (Versa il vino nel bicchiere di Mirandolina.)

MIRANDOLINA: (Tra sé.) È lì lì per cedere.

CAVALIERE: Prego. (Le dà il bicchiere col vino.)

MIRANDOLINA: Grazie. Ma Lei non beve?

30 CAVALIERE: Sì, ne bevo anch'io. (Tra sé, mentre versa il vino nel suo bicchiere.) Sarebbe meglio che io mi ubriacassi: un diavolo scaccerebbe l'altro.

MIRANDOLINA: (Allegramente.) Signor Cavaliere?

CAVALIERE: Che c'è?

MIRANDOLINA: Un brindisi. (Gli fa toccare il bicchiere col suo.) Alla nostra amicizia!

CAVALIERE: (Malvolentieri.) Prosit!

MIRANDOLINA: Evviva! (Canta.) "Chi si vuol bene… 5
senza malizia tocchi."

CAVALIERE: Evviva!

SCENA QUINTA
Il Marchese, Mirandolina e il Cavaliere.

MARCHESE: (Entrando senza bussare.) E che è questo "evviva"?

CAVALIERE: (Alterato.) Ma cosa diavolo…? 10

MARCHESE: Sono io, signor Cavaliere. (Mirandolina si alza subito.)

CAVALIERE: Lei qui, signor Marchese?

MARCHESE: Non si arrabbi, carissimo amico. Ho provato a chiamare ma non rispondeva nessuno. 15

MIRANDOLINA: (Fa per andarsene.) Con permesso…

CAVALIERE: (A Mirandolina.) Si fermi, La prego. (Al Marchese.) Io non mi prendo con Lei simili libertà.

MARCHESE: Le domando scusa. Mi dispiace, ma credevo che Lei fosse solo. Sono contento però di 20 vederLa con la padroncina della locanda. Che ne dice? Non è un piccolo capolavoro?

MIRANDOLINA: Eccellenza, io ero qui per servire il signor Cavaliere. Mi sono sentita poco bene e Lui mi ha gentilmente offerto una sedia e qualcosa da bere. 25

MARCHESE: (Al Cavaliere.) È vino di Orvieto quello?

CAVALIERE: Sì, è Orvieto.

MARCHESE: Ma di quello vero?

CAVALIERE: Almeno l'ho pagato per tale.

MARCHESE: Io me n'intendo. Me lo lasci provare e
Le saprò dire se è o non è di Orvieto.

CAVALIERE: (Chiama subito il servitore.) Ehi!

SCENA SESTA
Il Servitore, il Cavaliere, il Marchese e Mirandolina.

5 SERVITORE: (Da fuori della porta.) Eccomi, Signore.
(Entra il Servitore con le uova sode.) Sono qui.

CAVALIERE: (Al Servitore.) Un bicchierino per il Marchese.

MARCHESE: Non tanto piccolo, il bicchierino. Il
vino di Orvieto non è un liquore. Per assaggiarlo
10 bisogna berne abbastanza.

SERVITORE: Vado subito. Intanto, ecco le uova. (Vuol
metterle in tavola.)

CAVALIERE: Non voglio altro.

MARCHESE: Cosa è quello?

15 CAVALIERE: Sono delle uova sode. (Il servitore le
mostra al Marchese.)

MARCHESE: (Facendo un cenno al Servitore.) Oh,
non mi piacciono. (Il Servitore le porta via.)

MIRANDOLINA: Signor Marchese, con permesso
20 del signor Cavaliere, assaggi un po' questo. (Gli
porge la trota.) L'ho fatta con le mie proprie mani.
(Il servitore mette il bicchiere sul tavolo.)

MARCHESE: Oh sì, volentieri. (Al servitore.) Ehi, una
sedia… (Il Servitore gli porta una sedia.) E un coltel-
25 lo. (Il servitore guarda il Cavaliere per un *assenso*.)

| *assenso*, autorizzazione.

CAVALIERE: Via, portagli un coltello. (Il Servitore lo va a prendere.)

MIRANDOLINA: Signor Cavaliere, ora sto già molto meglio e devo andare. (Fa per uscire.)

MARCHESE: Per piacere, resti qui con noi ancora un poco.

MIRANDOLINA: Ma Signore, ho molte cose da fare; e poi il signor Cavaliere...

MARCHESE: (Al Cavaliere.) Le dispiace se lei resta ancora un poco?

CAVALIERE: Che vuole da lei?

MARCHESE: Vorrei farLe provare un bicchierino di vino di Cipro. Sono sicuro che Lei non ne ha mai assaggiato uno come questo. E mi piacerebbe che anche Mirandolina lo sentisse e mi dicesse che cosa ne pensa.

CAVALIERE: (A Mirandolina.) Via, dunque, per far piacere al signor Marchese, resti ancora un poco.

MIRANDOLINA: La prego, signor Marchese, mi scusi ma non posso.

MARCHESE: Non vuole provarlo?

MIRANDOLINA: Magari un'altra volta.

CAVALIERE: La prego, resti.

MIRANDOLINA: (Al Cavaliere.) Vuole proprio che resti?

CAVALIERE: Ma certamente, e per questo insisto. (Le indica la sedia.)

MIRANDOLINA: Allora, Le obbedisco. Con permesso. (Si siede.)

CAVALIERE: (Piano a Mirandolina.) Le devo anche questo favore: di non avermi lasciato solo con questo seccatore!

MARCHESE: Oh che buon odorino! (Mangiando.) Oh che roba! (Continua a parlare e a mangiare mentre il Cavaliere discorre a parte con Mirandolina.) Che prelibatezza! Oh che sapore! Mi ricorda una specialità che si poteva trovare solo alla vecchia locanda di Forlipopoli, quando ero ancora bambino. C'era questa nonnina che passava ore davanti il fuoco a preparare salse e salsine con ingredienti rari. È un vero peccato che tali ricette siano andate perdute per sempre. Oh, cari miei, avreste dovuto provarle!

CAVALIERE: (Piano a Mirandolina.) Il Marchese sarà geloso di vederLa vicino a me.

MIRANDOLINA: (Piano al Cavaliere.) Non m'importa

CAVALIERE: (Piano a Mirandolina.) Per caso, è nemica di tutti gli uomini?

MIRANDOLINA: Come Lei lo è di tutte le donne.

CAVALIERE: Finché queste si vendicano contro di me...

MIRANDOLINA: Come, signore?

CAVALIERE: Che fa? Finge di non capire?

MARCHESE: Amico, alla vostra salute! (Beve il vino di Orvieto.)

CAVALIERE: (Alza il bicchiere per rispondere all'invito. Poi, al Marchese.) Ebbene? Cosa ne pensa?

MARCHESE: Se mi consente, francamente questo vino non vale niente. Senta il mio vino di Cipro!

CAVALIERE: Ma dov'è questo vino di Cipro?

MARCHESE: L'ho qui; l'ho portato con me. (Cerca nelle tasche della giacca.) Vedrà, è di quello... Oh, eccolo. (Tira fuori una bottiglia molto piccola.)

MIRANDOLINA: Mi sembra che il signor Marchese non voglia che il vino ci *vada alla testa*.

MARCHESE: (Al servitore.) Ehi, dei bicchierini. (Al Cavaliere.) Questo si beve a gocce, come se fosse

---

andare alla testa, ubriacare.

72

acqua santa. (Apre la bottiglia, mentre il Servitore porta dei bicchierini e li mette sulla tavola.)

MARCHESE: Ma questi sono troppo grandi. Non ne avete di più piccoli?

CAVALIERE: (Al Servitore.) Vedi se ce ne sono di più piccoli. 5

MIRANDOLINA: (Sarcastica.) Io credo che ci basterebbe sentirne il profumo.

MARCHESE: Ha ragione, sa? In effetti ha un profumo… Ah! (Lo annusa. Poi al Cavaliere.) Vuole provare? (Il Cavaliere fa cenno di no e il Marchese lo 10 annusa di nuovo. Intanto il Servitore ritorna e mette tre bicchierini molto piccoli sulla tavola. Il Marchese versa pian piano e non riempie neanche i bicchierini. *Quindi* porge un bicchierino al Cavaliere e uno a Mirandolina. Infine, prima di prende- 15 re il suo, chiude la bottiglia e la rimette in tasca.) Che nettare! Che ambrosia! (Bevendo.)

CAVALIERE: (Piano a Mirandolina.) Che ne pensa di questa *porcheria*? 20

MIRANDOLINA: (Piano al Cavaliere.) Non la userei neanche per pulire per terra.

MARCHESE: (Al Cavaliere.) Eh, allora, che ne dice?

CAVALIERE: Eccellente!

MARCHESE: E a Lei, Mirandolina? Le piace? 25

MIRANDOLINA: Per me, signore… Mi dispiace, ma non mi piace e non potrei mai dirLe il contrario. La prego di scusarmi, ma io non so fingere. Non potrei mai farLe un finto complimento, perché chi sa fingere una cosa poi può fingerne molte. 30

---

quindi, poi.
porcheria, schifezza.

CAVALIERE: (Tra sé.) Perché mi rimprovera?

MARCHESE: Mirandolina, mi dispiace per Lei, Mirandolina, ma di vini proprio non se ne intende. Per altre cose Lei ha anche gusto, perché il fazzoletto che Le ho dato Le è piaciuto, ma certamente di vini non se ne intende. (Finisce di bere.)

MIRANDOLINA: (Piano al Cavaliere.) Sente come si vanta?

CAVALIERE: (Piano a Mirandolina.) Sì, ma io non lo umilierei così.

MIRANDOLINA: Lo so: Lei si diverte solo ad umiliare le donne.

CAVALIERE: E Lei non si diverte ad umiliare gli uomini?

MIRANDOLINA: Non tutti.

CAVALIERE: Eh no. Tutti!

MARCHESE: (Al Servitore.) Ehi, tre bicchierini come questi ma puliti.

MIRANDOLINA: No grazie, non ne voglio più.

MARCHESE: No, no, non vi preoccupate: non sono per voi. (Il servitore mette sul tavolo un vassoio con tre bicchierini. Il Marchese versa un po' di vino in ciascuno.) Brav'uomo, con licenza del tuo padrone, porta questi al Conte d'Albafiorita, e digli che lo prego di provare la bontà di questo mio vino di Cipro.

SERVITORE: Come vuole, signor Marchese. (Tra sé, uscendo.) Questo qui non li ubriaca di certo!

CAVALIERE: Marchese, Lei è così generoso!

MARCHESE: Io? Certo: Lo domandi a Mirandolina!

MIRANDOLINA: Oh certamente!

MARCHESE: (A Mirandolina.) L'ha visto, il fazzoletto, il Cavaliere?

MIRANDOLINA: Non ancora.

MARCHESE: (Al Cavaliere) Ma lo vedrà presto. (Mettendo in tasca la bottiglia con un dito di vino avanzato.) Questo qui lo tengo per stasera.

MIRANDOLINA: Faccia attenzione, signor Marchese! Non vorrei che le facesse male. 5

MARCHESE: (A Mirandolina.) Eh! Sapete cosa mi fa male a me, cara Mirandolina?

MIRANDOLINA: Che cosa?

MARCHESE: I vostri begli occhi!

MIRANDOLINA: Davvero? 10

MARCHESE: Cavaliere, lo sa? Io sono follemente innamorato di questa donna.

CAVALIERE: Mi dispiace.

MARCHESE: Ma Lei non può capire perché non ha mai provato niente per una donna, e le odia tutte, no? 15

CAVALIERE: Sì, e per questo che La compatisco.

MARCHESE: Lo so, ma vede, questo è un bene perché io, di solito, sono geloso come una bestia, ma con Lei… è diverso. Insomma, io la lascio pure stare vicino a Lei perché so come la pensa. 20

CAVALIERE: (Tra sé.) Questo qui comincia proprio a seccarmi.

SCENA SETTIMA
Il Servitore, il Marchese, il Cavaliere e Mirandolina.

SERVITORE: (Entra con una bottiglia sul vassoio. Al Marchese.) Il signor Conte La ringrazia, e Le manda una bottiglia di vino delle Canarie. 25

MARCHESE: Oh, oh, non vorrà mica paragonare il suo vino delle Canarie con il mio vino di Cipro! Faccia vedere. (Prende la bottiglia aperta.) Oh, povero pazzo! (S'alza e annusa il tappo.) Questo fa schifo, lo si capisce già dal profumo.

CAVALIERE: (Al Marchese.) Ma lo assaggi prima!

MARCHESE: (Arrabbiandosi.) No, non voglio assag-
5 giar niente. Questa è una scortesia che mi fa quel maleducato del Conte. Come al solito vuole sempre essermi superiore; vuole offendermi e provocarmi per farmi fare delle bestialità. Ma giuro che, prima o poi, mi vendicherò. Mirandolina, Lei lo
10 deve cacciare via subito, altrimenti ci saranno dei guai grossi che non se li può neanche immaginare! Questo qui è uno *stramaledetto* villano. Io sono chi sono, e non posso sopportare simile offese. (Esce, portandosi via la bottiglia.)

SCENA OTTAVA
Il Cavaliere, Mirandolina e il Servitore.

15 CAVALIERE: Per me, il povero Marchese è completamente pazzo.

MIRANDOLINA: Non direi. Non per niente s'é portato via la bottiglia di vino, no?

CAVALIERE: Lui è già un po'… così; e poi Lei, per di più, l'ha fatto proprio impazzire.

20 MIRANDOLINA: Secondo Lei io faccio impazzare gli uomini?

CAVALIERE: Be', un po' sì, Lei è…

MIRANDOLINA: (Va verso la porta.) Signor Cavaliere, mi dispiace ma devo andare adesso.

25 CAVALIERE: No, si fermi, la prego.

| *stramaledetto*, più che maledetto, dannatissimo.

76

MIRANDOLINA: (Andandosene.) Mi scusi, ma io non faccio proprio impazzare nessuno.

CAVALIERE: Ascoltatemi. (Si alza, ma resta vicino alla tavola.)

MIRANDOLINA: Non posso, gliel'ho detto. (Andando.) 5

CAVALIERE: (Duramente.) Si fermi, Le dico.

MIRANDOLINA: (Altrettanto duramente.) Cosa vuole da me?

CAVALIERE: (Si confonde.) Nulla. Solo… Beviamo 10 un ultimo bicchiere di Orvieto. Le va? Giusto per toglierci di bocca quel saporaccio del vino del Marchese.

MIRANDOLINA: Va bene. Ma facciamo presto, che devo andare. 15

CAVALIERE: Si sieda, La prego.

MIRANDOLINA: No, va bene anche in piedi.

CAVALIERE: (Le porge il bicchiere con dolcezza.) Ecco, tenga.

MIRANDOLINA: Faccio un brindisi e me ne vado 20 subito.

CAVALIERE: Va bene. E a cosa vuol brindare?

MIRANDOLINA: Se permette, faccio un brindisi che mi ha insegnato mia nonna. (Canta.)

    Viva Bacco e viva Amore: 25
    L'uno e l'altro ci consola;
    Uno passa per la gola,
    L'altro va dagli occhi al core.
    Bevo il vin, con gli occhi poi… (Guarda negli occhi il Cavaliere) 30
    Faccio quel che fate voi.

(Il Cavaliere applaude mentre lei esce.)

SCENA NONA
Il Cavaliere e il Servitore.

CAVALIERE: Bravissima! Ma dove va? Senta… Ah! È
scappata. È scappata subito e mi ha lasciato qui
come un *fesso*, con cento diavoli per la testa.
SERVITORE: (Si fa avanti e chiede al Cavaliere:) Vuo-
5 le della frutta?
CAVALIERE: Al diavolo la frutta! Portami la pipa. (Il
Servitore esce. Il Cavaliere si siede al tavolo e beve
il suo bicchiere di vino.) "Bevo il vin, con gli occhi
poi, faccio quel che fate voi"? Cosa vuole dire?
10 Che *razza* di brindisi è questo? Ah maledetta, lo so:
vuole fare impazzire anche me, vero? Eh, quella sa
bene come fare! Certo però che si è comporta con
molta grazia! Se solo potessi… No, basta! Vado a
Livorno. Non la voglio più vedere. Che non mi
15 venga più tra i piedi. (Ritorna il Servitore e gli porge la pipa e un bastoncino acceso.) Maledettissime
donne! (Il Cavaliere si accende la pipa con il bastoncino comincia a fumarla. Restituisce il bastoncino al Servitore.) Domani a Livorno! (Guarda il
20 bicchiere di vino e ride nervosamente.) "*Bacco,
tabacco e Venere, riducono l'uomo in cenere.*"

[Cambio di scena.]

---

fesso, stupido.
razza, tipo.
Bacco, tabacco e Venere, riducono l'uomo in cenere, gli uomini si
rovinano fumando, bevendo e corteggiando le donne (proverbio).

DOMANDE

1. Cosa mangia il Cavaliere per pranzo?
2. Cosa ha fatto di speciale per il Cavaliere Mirandolina?
3. Cosa pensa il Cavaliere di questo trattamento di riguardo?
4. Perché il Cavaliere ordina anche delle uova sode?
5. Perché Mirandolina si siede alla tavola del Cavaliere?
6. Il Servitore pensa che il suo padrone si stia rammollendo. Perché?
7. A cosa brindano Mirandolina e il Cavaliere?
8. Perché il Marchese entra nella camera del Cavaliere senza bussare?
9. È migliore il vino di Orvieto o quello di Cipro?
10. Il Cavaliere mente al Marchese circa il vino. Ma anche Mirandolina prima gli ha mentito. Che bugia gli ha detto?
11. Chi offre una bottiglia di vino delle Canarie? Perché?
12. Da chi ha imparato la canzone "Viva Bacco e viva Amore" Mirandolina?
13. Il Cavaliere vuole restare alla locanda o vuole partire?

SCENA DECIMA
Camera del Conte.
Il Conte, Ortensia e Deianira.

CONTE: Il Marchese di Forlipopoli è un bel tipo. È nato nobile –e questo non si può negare– ma, da quando è morto suo padre, un po' alla volta *si è mangiato fuori tutto* e adesso è rimasto solo con
5 una misera pensione, che gli consente appena di arrivare alla fine del mese. Eppure gli piace fare l'aristocratico!

DEIANIRA: Vorrebbe essere generoso, ma non se lo può permettere, vero?

10 ORTENSIA: Dona quel poco che può, e vuole che tutto il mondo lo sappia.

CONTE: Eh! Sarebbe un bel personaggio per una delle vostre commedie.

ORTENSIA: Ha ragione: magari lo proporremo alla
15 nostra compagnia quando arriva.

DEIANIRA: Oh sì: abbiamo degli attori che sono bravissimi a fare le imitazioni.

CONTE: Ma se volete che ci divertiamo, dovete intanto continuare a fingervi delle gran signore.

20 ORTENSIA: Io lo faccio volentieri, ma Deianira non riesce a stare al gioco.

DEIANIRA: Non è che io non voglia, ma mi viene da ridere.

CONTE: Be', avete fatto bene a *smascherarvi* con
25 me; così posso aiutarvi anch'io ad improvvisare questa commedia.

---

mangiarsi fuori tutto, spendere tutti i soldi della famiglia.
smascherarsi, togliersi la maschera.

ORTENSIA: Certo! Il signor Conte sarà il nostro protettore.

DEIANIRA: Davvero, se non le dispiace, saremo liete
di poter godere insieme –da brave amiche– della
sua gentilezza in questi giorni.   5

CONTE: Vi dirò… sarò sincero: voglio aiutarvi e vi
aiuterò ogni volta che potrò farlo, ma ho una cosa
da fare che non mi permetterà di stare con voi in
questi giorni.

ORTENSIA: Ha già qualche *morosa*, signor Conte?   10

CONTE: Ebbene sì, lo ammetto –ma che resti tra noi:
la padrona della locanda.

ORTENSIA: *Capperi*! Veramente una gran signora!
Mi meraviglio di lei, signor Conte, che si perda die-
tro ad una locandiera!   15

DEIANIRA: Una locandiera? Ma allora perché non
un'attrice comica? Almeno è sicuro di divertirsi,
no? (Ridono.)

CONTE: Be', francamente, *farsela* con una come voi
non mi piace gran che: ora ci siete, ora non ci siete   20
più…

DEIANIRA: Oh bella!

ORTENSIA: E non è meglio così? Stare bene per un
po' senza rovinarsi per il resto della vita?

CONTE: Sì, ma io –vedete– ormai ho preso un impe- 25
gno; voglio bene a Mirandolina, e non voglio farle
un torto.

DEIANIRA: Ma che cosa ha di speciale questa locandiera?

CONTE: Eh, be'!   30

---

morosa, ragazza di cui uno è innamorato.
capperi! esclamazione.
farsela, compromettersi.

ORTENSIA: Ehi, Deianira, ma non l'hai vista? È bella (ne descrive i fianchi con le mani) e... curata (finge di truccarsi.)

CONTE: Ha una grande personalità.

5 DEIANIRA: E allora noi? Noi ne abbiamo tantissime... di personalità! (Ridono.)

CONTE: Ora basta! Voi due mi state simpatiche ma Mirandolina mi piace troppo e, se volete restare mie amiche, non parlate mai male di lei. *Intesi?*

10 ORTENSIA: (Seria.) Oh signor Conte, ma certamente: noi stavamo solo scherzando. Mirandolina è una gran bella figliola –e chi lo nega?

DEIANIRA: Sì, sì, è vero. Lei è così carina e ben educata!

15 CONTE: Oh, così va bene! Grazie.

ORTENSIA: Ma non c'è di che.

CONTE: Oh! Avete visto quel tipo che è appena uscito da camera sua?

ORTENSIA: Io l'ho visto. (Ortensia annuisce, ma
20 Deianira è confusa.)

CONTE: Quello è un altro tipo che sembra uscito da una commedia.

ORTENSIA: Lo so: è uno che non può vedere le donne, vero?

25 DEIANIRA: Oh che pazzo! E perché? Non è che lui...?

ORTENSIA: (La interrompe.) Avrà avuto qualche brutta esperienza.

CONTE: Ma non è mai stato innamorato. Non vuole
30 avere niente a che fare con le donne. Non le sopporta –vi dico– e non gli piace neppure Mirandolina.

| *intesi?*, d'accordo?

ORTENSIA: Poverino! Mi dispiace! Quasi quasi vorrei aiutarlo: sono sicura che se avessi la possibilità… (Si sistema il decolté.) potrei fargli cambiare idea.

DEIANIRA: Che bella cosa sarebbe, Ortensia! Hai proprio ragione: sarebbe davvero una gran bella soddisfazione dargli qualche bella esperienza da ricordare, a quello lì'. Cosa ne dici se ci provo anch'io? 5

CONTE: Sentite, amiche! Così, se per puro divertimento vi andasse di farlo innamorare, io sarei felice di scommetterci qualcosa… 10

DEIANIRA: Ma io non intendo farlo per soldi! Voglio solo divertirmi un po', fin quando non arrivano i nostri compagni.

ORTENSIA: Ma Ortensia, vedi, è differente: se il Conte vuole fare una scommessa non è che ci sta 15 pagando, ma è una specie di competizione, no?

CONTE: Ho paura che non *combinerete* niente.

DEIANIRA: Signor Conte, ha ben poca stima di noi.

ORTENSIA: Non siamo brave come Mirandolina, ma –si fidi!– *ce la caviamo* bene anche noi! 20

CONTE: Volete che invitiamo qui il Cavaliere?

ORTENSIA: Faccia come vuole!

CONTE: (Al Servitore.) Ehi? Chi è di là? (Il Servitore entra.)

SCENA UNDICESIMA
Arriva il Servitore del Conte.

CONTE: (Al Servitore) Di' al Cavaliere di Ripafratta che, 25 per favore, venga da me, perché gli devo parlare.

combinare, ottenere.
cavarsela, essere abbastanza bravo.

SERVITORE: So che non è più in camera.

CONTE: L'ho visto andare verso la cucina. Penso che lo troverai lì.

SERVITORE: Ci vado subito. (Parte.)

5 CONTE: (Tra sé.) Chissà cosa è andato a fare in cucina! Scommetto che è andato a *strapazzare* Mirandolina perché gli ha dato un pessimo pranzo.

ORTENSIA: Signor Conte, io avevo pregato il signor Marchese che mi mandasse il suo calzolaio ma ho

10 paura che non verrà mai.

CONTE: Non si preoccupi: ci penserò io.

DEIANIRA: A me invece il signor Marchese aveva promesso un fazzoletto.

CONTE: Prima o poi, Le troverò un fazzoletto io, va

15 bene?

DEIANIRA: Il fatto è che ne avrei proprio bisogno ora.

CONTE: (Le offre il suo fazzoletto.) Se questo di seta Le piace, lo tenga pure. È pulito.

20 DEIANIRA: Oh grazie! Lei è sempre molto gentile, signor Conte.

CONTE: Oh! Ecco il Cavaliere! È meglio che vi comportiate da vere signore adesso: così dovrà trattarvi con il dovuto rispetto. Forza, sedetevi lì in fondo

25 alla tavola, dove si metterebbero due signore per bene!

DEIANIRA: Su, venga, Contessina! (Ortensia e Deianira si alzano e vanno a sedersi dall'altra parte della tavola.)

30 ORTENSIA: Come si chiama?

CONTE: Il Cavaliere di Ripafratta, toscano.

| *strapazzare*, trattare male.

84

DEIANIRA: Ha moglie?
CONTE: Ma se non può vedere le donne?
ORTENSIA: È ricco? (Sistemandosi.)
CONTE: Ha quanto gli basta.
DEIANIRA: È generoso? (Sistemandosi.)   5
CONTE: Abbastanza.

SCENA DODICESIMA
Il Cavaliere, il Conte, Deianira e Ortensia.

CAVALIERE: Permesso?
CONTE: Avanti.
CAVALIERE: (Entra.) Conte, mi ha chiamato Lei?
CONTE: Sì. Mi scusi per averLa disturbata.   10
CAVALIERE: Che cosa posso fare per Lei?
CONTE: Queste due signore hanno bisogno di Lei.
   (Accenna alle due donne.)
CAVALIERE: Mi dispiace, ma non credo di poterle
   aiutare.   15
ORTENSIA: Signor Cavaliere, non vogliamo darLe
   nessun problema.
DEIANIRA: Lasci che Le spieghiamo, signor Cavaliere.
CAVALIERE: Signore, vi prego di perdonarmi. Ho un
   impegno urgente.   20
ORTENSIA: Ci vorrà solo un minuto.
DEIANIRA: Sì, è questione di un attimo; vi prego:
   ascoltateci un secondo.
CAVALIERE: (Tra sé.) Maledettissimo Conte!
CONTE: Caro amico, due dame che La pregano   25
   così… non sarebbe cortese rifiutarsi, no?
CAVALIERE: (Alle donne, con serietà.) Perdonatemi.
   Cosa posso fare per voi?

ORTENSIA: Per caso, Lei è toscano?

CAVALIERE: Sì, signora.

DEIANIRA: Ha degli amici a Firenze?

CAVALIERE: Ho degli amici, e ho dei parenti.

5 DEIANIRA: Ebbene, signore… (Ad Ortensia.) Vuoi spiegarglielo tu, Ortensia?

ORTENSIA: Le dirò, signor Cavaliere… Deve sapere che… Insomma è una cosa molto delicata.

CAVALIERE: Via, signore, vi supplico: ditemi di cosa
10 si tratta ché ho una cosa urgente da fare.

CONTE: Ho capito: forse la mia presenza vi imbarazza. (Alzandosi.) Non vi preoccupate, me ne vado così potrete parlare liberamente.

CAVALIERE: No, per cortesia, resti pure… Senta…

15 CONTE: Devo andare comunque. Arrivederci a più tardi. (Esce.)

SCENA TREDICESIMA
Ortensia, Deianira e il Cavaliere.

ORTENSIA: Per cortesia, si sieda un attimo.

CAVALIERE: Scusi, ma preferisco di no.

DEIANIRA: Perché è così scortese?

20 CAVALIERE: Per favore, ditemi piuttosto che cosa volete.

ORTENSIA: Abbiamo bisogno del suo aiuto, della sua protezione, della sua *bontà*.

CAVALIERE: Che cosa vi è accaduto?

25 DEIANIRA: I nostri mariti ci hanno abbandonate. E allora pensavamo che Lei…

---

bontà, gentilezza, cortesia.

CAVALIERE: (Agitandosi.) Abbandonate? Come? Due signore sposate qui da sole? Chi sono i vostri mariti?

DEIANIRA: (Ad Ortensia.) Non so se è il caso di insistere.

ORTENSIA: (Sottovoce a Deianira.) Si è proprio arrabbiato! Mi fa *persino* paura.

CAVALIERE: (Avvicinandosi alla porta per uscire.) Signore, arrivederci. Devo andare.

ORTENSIA: Come? Ci tratta così?

DEIANIRA: Che razza di cavaliere è, Lei?

CAVALIERE: Perdonatemi, ma non posso aiutarvi. Ho capito che avete un grosso problema e che il mio e il vostro onore potrebbe essere a rischio. Davvero non saprei come aiutarvi perché io non ho esperienza di imbrogli di questo genere. E se anche fosse, non avrei né tempo né voglia di seguire questa *faccenda*. In conclusione, scusatemi, ma non posso proprio aiutarvi. (Apre la porta per uscire.)

ORTENSIA: Sarà meglio dirgli tutto subito.

DEIANIRA: Sì, hai ragione: è meglio che anche lui lo sappia… Prima che sia troppo tardi.

CAVALIERE: Cosa volete dire? (Il Cavaliere si ferma.)

DEIANIRA: Shh! Chiuda la porta, per favore! (Il Cavaliere la chiude.)

ORTENSIA: (Si alza e gli va vicino.) Noi non siamo veramente delle signore.

CAVALIERE: No?

DEIANIRA: Vede... (Si alza e gli va vicino anche lei.) Il signor Conte ha voluto farLe uno scherzo.

---

persino, anche.
faccenda, storia.

CAVALIERE: …E ci è riuscito, evidentemente. (Fa per aprire la porta di nuovo.)

ORTENSIA: (Si mette davanti alla porta, bloccandola.) Si fermi!

CAVALIERE: Che cosa volete? (Il Cavaliere si allontana dalla porta.) 5

DEIANIRA: (Teneramente.) Ma perché non vuole parlare con noi?

CAVALIERE: Ho da fare.

ORTENSIA: Non La vogliamo mica mangiare… 10

DEIANIRA: La sua reputazione sarà salva.

ORTENSIA: Sappiamo che non sopporta le donne.

CAVALIERE: Be', questo mi fa piacere. Adesso, lasciatemi uscire. (Fa per uscire.)

ORTENSIA: Ma senta: noi non siamo delle donne 15 che possano darLe dei problemi.

CAVALIERE: E perché? Chi siete?

ORTENSIA: Perché non glielo dici tu, Deianira?

DEIANIRA: Glielo puoi benissimo dire anche tu!

CAVALIERE: Via, chi siete? 20

ORTENSIA: Ecco… Siamo due attrici.

CAVALIERE: Due attrici?

DEIANIRA: Comiche.

CAVALIERE: Due attrici comiche? (Ride.) Quand'è così… Forza, parlate! Parlate pure, ché non ho più 25 paura di voi!

ORTENSIA: Che vuol dire?

CAVALIERE: So che fingete comunque: sia in scena che fuori di scena; e quando uno sa che non deve fidarsi di voi, non può *farsi fregare*. 30

---

farsi fregare, farsi ingannare.

DEIANIRA: Ma come si permette? Io fuori di scena non fingo mai.

CAVALIERE: Oh, sì! (A Deianira.) E come si chiama Lei? Colombina?

5 DEIANIRA: Io mi chiamo...

CAVALIERE: (Ad Ortensia.) È Lei che parte fa? Serpina, Vespina, o Rosina? (Ride.)

ORTENSIA: Caro signor Cavaliere...

CAVALIERE: (Ad Ortensia.) Vi divertite a *infinocchia-*
10 *re* i gonzi?

ORTENSIA: Come? Io non...

CAVALIERE: (A Deianira.) Come fate? Vi mettete in mostra e aspettate che *abbocchino*, oppure saltate loro addosso "accidentalmente"?

15 DEIANIRA: Non sono una di quelle...

CAVALIERE: Eh, so bene come vanno queste commedie: cambia lo stile, ma mai il finale, no? E adesso... (Fa per uscire.)

ORTENSIA: (Gli tocca un braccio per fermarlo.) C'è
20 un equivoco, signor Cavaliere...

CAVALIERE: (*Alterandosi.*) Giù le mani!

ORTENSIA: Che maniere, Cavaliere!

CAVALIERE: Maniere? Volete insegnare a me le buone maniere? (Sarcastico.) Certo! Come no?

25 DEIANIRA: E che abbiamo fatto di male?

ORTENSIA: Già, mi sembra che qui l'unico maleducato sia stato Lei.

CAVALIERE: E allora, cosa diavolo volete da un simile maleducato?

---

infinocchiare, ingannare.
abboccare, mangiare l'esca.
alterarsi, arrabbiarsi.

ORTENSIA: Niente. (Esce arrabbiata.) *Cretino*! Vada all'inferno!

CAVALIERE: (A Deianira, con sarcasmo.) Mi dispiace: avrei dovuto essere cortese e… farmi fregare, no?

DEIANIRA: Ah! (Esce, lasciando la porta aperta.) Ma- ledetto *imbecille*! 5

SCENA QUATTORDICESIMA
Il Cavaliere solo, poi il suo Servitore.

CAVALIERE: Ecco, *se ne sono andate*, finalmente. Così invece di andarmene io, le ho fatte fuggire. Bene! E cosa pensavano di fare? Volevano che io *abboccassi come un pesce lesso*? Poverette! Sono 10 sicuro che adesso stanno andando dal Conte a rac- contargli tutto. Gli diranno che sono stramaledetta- mente maleducato. Se fossero state veramente delle signore, avrei dovuto avere una buona scusa per poter andarmene senza offenderle; ma quando ho 15 sentito che erano delle attrici comiche non ho resi- stito alla tentazione di strapazzarle per bene. Devo confessare che mi diverto a trattare male le donne ogni volta che posso. Be'... (Pensa.) Ma con Miran- dolina è stato diverso: lei si è comportata con molta 20 spontaneità. Non ho mai visto una donna così sin- cera ed amabile. Però anche lei, in fondo… È una donna. È meglio che io vada via. Partirò domani.

---

cretino, stupido.
imbecille, stupido.
se ne sono andate, da *andarsene*.
abboccare come un pesce lesso, farsi ingannare come uno stupido.

Domani? Domani potrebbe essere troppo tardi: chi mi assicura che non succeda niente stasera? Mirandolina potrebbe rovinarmi. Sì, sarà meglio comportarsi da uomo.

5 SERVITORE: Signore? (Entra.)

CAVALIERE: Cosa vuoi?

SERVITORE: Il signor Marchese vuole parlarLe e L'aspetta in camera Sua.

CAVALIERE: Che vuole quel pazzo? Soldi da me non
10 ne prende altri! Lasciamolo pure stare lì: e quando sarà stufo di aspettare, se ne andrà. Ascolta: va' dal cameriere della locanda e digli che voglio subito il conto.

SERVITORE: Il conto?

15 CAVALIERE: Poi prepara i miei bauli.

SERVITORE: Allora vuole partire stasera?

CAVALIERE: Sì. Portami qui la giacca ed il cappello, senza che se n'accorga il Marchese.

SERVITORE: Ma se mi vede fare i bauli?

20 CAVALIERE: Non importa: digli quello che vuoi.

SERVITORE: (Tra sé.) E così… (Sospira.) Addio Mirandolina! (Esce.)

CAVALIERE: Ha ragione a sospirare: dispiace anche a me lasciare Mirandolina. Che strano sentimento
25 malinconico che provo! Peggio per me! Questo vuol proprio dire che devo andarmene subito: mi sto *rincintrullendo*.

| *rincitrullire*, diventare stupidi.

SCENA QUINDICESIMA
Fabrizio e il Cavaliere.

FABRIZIO: Signore?

CAVALIERE: Sì?

FABRIZIO: È vero che vuole il conto?

CAVALIERE: Sì. Me l'ha portato?

FABRIZIO: Glielo sta preparando la mia padrona.   5

CAVALIERE: Mirandolina sa fare i conti?

FABRIZIO: Oh, sì. Sa scrivere e sa fare i conti meglio di un vecchio amministratore.

CAVALIERE: (Tra sé.) Però che donna!

FABRIZIO: Ma davvero Lei vuole andare via così 10 presto?

CAVALIERE: Sì, devo partire: ho degli affari da fare fuori città.

FABRIZIO: Be', spero che sia stato bene qui.

CAVALIERE: Non mi lamento.   15

FABRIZIO: Allora, per favore, si ricordi del cameriere.

CAVALIERE: Via, mi porti il conto che poi so io quello che devo fare.

FABRIZIO: Lo vuole qui, il conto?

CAVALIERE: Sì, vorrei che me lo portasse qui: in ca- 20 mera mia per ora non ci posso andare.

FABRIZIO: (Ride.) E fa bene: in camera Sua c'è quel seccatore del signor Marchese. Quello *squattrinato*! Fa l'innamorato con Mirandolina ma… *starà fresco*! Lo sa? Mirandolina sarà presto mia moglie. 25

CAVALIERE: (Duramente.) Il conto.

FABRIZIO: Subito! (Esce.)

---

squattrinato, senza soldi.
stare fresco, rimanere deluso.

SCENA SEDICESIMA
Il Cavaliere solo.

CAVALIERE: Tutti cotti per Mirandolina! Tutti che le corrono dietro! Tutti che la vogliono sposare! Be' allora non è un caso che ne sia rimasto attratto anch'io, no? È meglio partire… e subito, prima che
5 questa donna *mi mandi il cervello in pappa*. Chi c'è là? Mirandolina? Che vorrà da me? Ha un foglio in mano. Mi starà portando il conto. Che cosa devo fare? Niente: solo stare tranquillo.

SCENA DICIASSETTESIMA
Mirandolina e il Cavaliere.

MIRANDOLINA: (Piano, da fuori della porta.) Signo-
10 re?
CAVALIERE: Che c'è, Mirandolina?
MIRANDOLINA: Mi perdoni.
CAVALIERE: Venga avanti.
MIRANDOLINA: (Entra tristemente con un *foglio* in mano.) Ha chiesto il *conto*: eccolo.
15 CAVALIERE: Me lo dia qui, grazie.
MIRANDOLINA: Prego. (Si asciuga gli occhi col *grembiule*.)
CAVALIERE: Che cosa ha? Sta piangendo?
MIRANDOLINA: Niente, signore: mi è andato del
20 fumo negli occhi.

| *mandare il cervello in pappa*, fare impazzire.

94

CAVALIERE: Del fumo negli occhi? Eh! Mi dispiace… quant'è il conto? (Legge.) Quattro zecchini?
Solo quattro zecchini per quattro giorni? Perché un
simile trattamento di favore?

MIRANDOLINA: Quello è il suo conto.   5

CAVALIERE: E i due piatti particolari che mi avete
dato questa mattina? Non ci sono nel conto.

MIRANDOLINA: Mi perdoni, ma quello che offro io
personalmente, poi non lo metto in conto.

CAVALIERE: Vuole dire che quel pranzo me l'ha of-   10
ferto Lei personalmente?

MIRANDOLINA: Mi scusi tanto se mi sono permes-
sa: volevo solo… (Si copre il volto, asciugandosi le
lacrime.)

CAVALIERE: Ma che cos'ha?   15

MIRANDOLINA: Non so se sia il fumo o qualcosa
che mi è entrata negli occhi.

CAVALIERE: Non vorrei che Lei ci rimettesse troppo per avermi cucinato quelle *prelibatezze*.

MIRANDOLINA: *Sciocchezze*, signor Cavaliere: non è stato niente… (Continua a piangere.)

5 CAVALIERE: (Tra sé.) Eh, se non me ne vado qui succede un *patatrack*! (Prende delle monete dalla borsa. Poi a Mirandolina.) Forza, tenga qui. Questi sono dieci zecchini: li prenda e se li goda a nome mio.

MIRANDOLINA: Ma, Cavaliere… (Cade *svenuta*.)

10 CAVALIERE: (A Mirandolina.) Mirandolina? Cos'ha? È svenuta? Forza! (Tra sé.) Che si sia innamorata di me? Ma così presto? E perché no? O sono io che ho perso la testa per lei? Cara Mirandolina… "Cara"? Ma senti cosa dico! Io che dico "cara" ad una donna? Be',
15 ma guardala: è così bella… e forse è svenuta per me. Bisogna che io trovi il modo di farla *rinvenire*. Solo che qui non c'è niente che… (Forte.) C'è qualcuno di là? C'è nessuno? (Tra sé.) Niente: meglio che vada subito a trovare qualcosa. (La guarda ancora una vol-
20 ta prima di uscire.) Poverina! Se le succedesse qualcosa, non me lo perdonerei mai. (Esce.)

MIRANDOLINA: (Rimasta sola.) Ormai è cotto. Eh, aveva ragione mia nonna: "Quando non sai più cosa fare o dire, svieni, ché funziona sempre." E, in
25 effetti, un buon svenimento muove sempre a compassione tutti, anche quelli come il Cavaliere che pretendono di avere un cuore di ghiaccio.

CAVALIERE: (Da fuori della porta:) Di qua, presto!

---

prelibatezze, piatti speciali.
sciocchezza, una cosa stupida, di poco valore.
patratrack, imitazione del suono di qualcosa che cade e si rompe.
svenire, perdere coscenza.
rinvenire, riprendere coscenza.

MIRANDOLINA: Ma eccolo che torna di già. (Si mette di nuovo come prima.) Bene: è stato proprio veloce.

SCENA DICIOTTESIMA
Il Cavaliere, il suo Servitore e Mirandolina.

CAVALIERE: (Entra con il servitore che porta un bicchiere d'acqua.) Eccomi, eccomi!
SERVITORE: Non è ancor rinvenuta?   5
CAVALIERE: (Sarcastico.) Direi di no. Tu cosa dici?
SERVITORE: Poverina!
CAVALIERE: Presto, dammi quel bicchiere! (Prende il bicchiere e spruzza un po' d'acqua sul volto di Mirandolina, che comincia a muoversi.) Su, forza, 10 si svegli! Si riprenda!

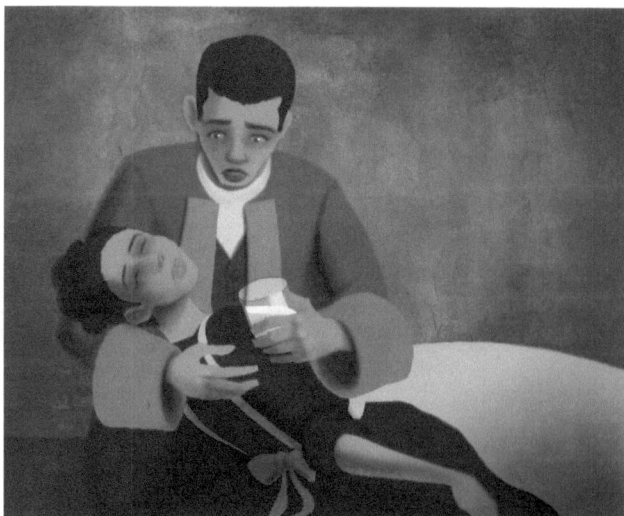

MIRANDOLINA: (Sottovoce.) Cavaliere? È Lei?

CAVALIERE: Sì, sono io, cara Mirandolina.

MIRANDOLINA: Non è partito?

CAVALIERE: Ma no, non L'ho lasciata.

5 MIRANDOLINA: Oh, bene.

CAVALIERE: Come avrei potuto lasciarLa così?

MIRANDOLINA: Come? Vuole dire che adesso parte?

SERVITORE: (Al Cavaliere.) Vado a prenderLe la giacca ed il cappello, signore?

10 CAVALIERE: (Al Servitore) Va' via.

MIRANDOLINA: La prego…

SERVITORE: E i bauli?

CAVALIERE: (Arrabbiato.) T'ho detto di andare via!

SERVITORE: Va bene. Va bene. Adesso vado. (A Mi-
15 randolina.) Mirandolina, sta bene adesso? Le serve
altro? (Mirandolina fa cenno che sta bene.)

CAVALIERE: Allora?

SERVITORE: Vado! (Esce.)

SCENA DICIANNOVESIMA
Il Marchese, il Conte, Mirandolina e il Cavaliere.

MARCHESE: Cavaliere?

20 CONTE: Amico? Cosa succede?

CAVALIERE: (Tra sé, nervoso.) Ci mancavano questi,
adesso!

MARCHESE: (Entra e vede Mirandolina svenuta nelle
braccia del Cavaliere.) Mirandolina!

25 CONTE: (Entra e vede lo stesso.) Oh mio Dio!

MIRANDOLINA: (Sospira.) Che c'è?

CAVALIERE: Era svenuta ed io l'ho fatta rinvenire.

CONTE: (Sarcastico.) E bravo il nostro Cavaliere!

MARCHESE: (Dà una pacca sulla spalla al Cavaliere.) Niente male per uno che non può vedere le donne!

CAVALIERE: Come vi permettete?

CONTE: E allora… È cotto? (Il Marchese ride.) 5

CAVALIERE: Ma andate tutti al diavolo! (Getta il bicchiere per terra verso il Marchese e il Conte e parte furiosamente.)

MARCHESE: (A Mirandolina.) Sta bene?

MIRANDOLINA: Sì. 10

CONTE: Sì, lei sta bene… ma il Cavaliere è diventato pazzo. Con permesso. (Esce.)

MARCHESE: Eh, sì! Chi si crede di essere quel Cavaliere? Lui non sa chi sono io! Mi perdoni, Mirandolina, ma devo proprio andare anch'io a *dirgliene* 15 *quattro* al Cavaliere.

MIRANDOLINA: Sì. (Gli fa cenno che può andare.) Sto bene. Non si preoccupi.

MARCHESE: A più tardi.

MIRANDOLINA: (Sola.) Ecco. Il più è fatto. Il Cava- 20 liere ha perso la testa e ormai lo hanno visto tutti. E che terremoto! Sono bastati alcuni sospiri per far nascere una tempesta. Altro che sesso debole!

| *dirne quattro a qualcuno*, biasimare qualcuno.

DOMANDE

1. Perché, secondo il Conte, non vale la pena avere una relazione con un'attrice comica?
2. Cosa vuole fare il Conte con Ortensia e Deianira?
3. Cosa chiede Ortensia al Conte? E Deianira?
4. Cosa chiedono le due giovani donne al Cavaliere? Ma che cosa vogliono veramente?
5. Perché il Cavaliere non vuole essere coinvolto?
6. Cosa fa arrabbiare Ortensia e Deianira?
7. Perché il Cavaliere non può tornare in camera sua?
8. Mirandolina ha delle doti (o talenti) che il Cavaliere non immaginava. Quali?
9. Cosa dice Fabrizio al Cavaliere?
10. Il conto della locanda per il Cavaliere è caro?
11. Perché Mirandolina piange?
12. Cosa ha imparato Mirandolina da sua nonna?
13. Come fa il Cavaliere per rianimare Mirandolina?
14. Quando il Conte e il Marchese vedono Mirandolina nelle braccia del Cavaliere, cosa pensano?

ATTO TERZO

SCENA PRIMA

Camera di Mirandolina con tavola e biancheria
da stirare. Mirandolina sola, poi Fabrizio.

MIRANDOLINA: Orsù, basta divertirsi! Ora voglio
badare un po' *ai fatti miei*. Per cominciare, devo stirare questa biancheria prima che si asciughi completamente. (Chiama.) Ehi, Fabrizio?

FABRIZIO: Signora? (Entra.)   5

MIRANDOLINA: Fammi un piacere: portami qui il *ferro da stiro* caldo.

FABRIZIO: Certo.

MIRANDOLINA: E scusami se   10
do a te questo incarico…

ferro da stiro

FABRIZIO: Di niente. Finché mi dai da mangiare, il
mio lavoro è servirti comunque, no? (Fa per uscire.)

MIRANDOLINA: Fermati un secondo. Ascolta: non
sei obbligato a servirmi in questo genere di cose.   15
Ho chiamato te perché ti ho visto passare davanti
alla porta e ho pensato che mi avresti aiutato volentieri ma, se non è così, lascia stare. Va bene?

FABRIZIO: Mirandolina, sai bene che se fosse per
me, ti porterei l'acqua con le mie orecchie… ma   20
vedo che tutto questo non serve a niente.

MIRANDOLINA: Cosa vuoi dire? Sono forse un'ingrata?

FABRIZIO: Quelli come me tu non li consideri neppure: è solo la nobiltà che conta per te. E certo   25

---

badare ai fatti miei, prendersi cura delle proprie cose.

nessuno ti può *biasimare* per questo, ma...

MIRANDOLINA: Va là, Fabrizio, non sai di che cosa parli!

FABRIZIO: Come?

5 MIRANDOLINA: Se solo potessi dirti tutto...! Ma ora non è ancora tempo: via, va' a prendermi il ferro, per favore.

FABRIZIO: Ma se ti ho vista io, con questi miei occhi, che...

10 MIRANDOLINA: Andiamo, meno chiacchiere! Portami il ferro.

FABRIZIO: (Andando via.) Vado, vado, farò quello che vuoi... ma non so ancora per quanto.

MIRANDOLINA: (Parlando da sola, ma a voce alta
15 per essere sentita.) Ah, questi uomini! Più gli vuoi bene e più gli fai torto!

FABRIZIO: (Riappare nella camera.) Che cosa hai detto?

MIRANDOLINA: (Fingendosi ar-
20 rabbiata.) Ma allora, mi vuoi portare questo ferro *una buona volta*?

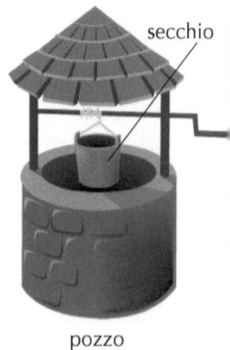

secchio

FABRIZIO: Sì, te lo porto subito. (Tra sé.) Non ci capisco niente:
25 un po' mi tira su e un po' mi butta giù, come se fossi il *secchio* di un *pozzo*! (Esce.)

pozzo

---

biasimare, criticare.
una buona volta, prima o poi (ironico).

SCENA SECONDA
Mirandolina sola, poi il Servitore del Cavaliere.

MIRANDOLINA: Povero sciocco! Mi deve servire anche se non ne ha voglia. Ma vi pare che io lo debba pregare in questo modo per ogni sciocchezza? Ah, mi viene da ridere! Comunque, è una tale soddisfazione far fare agli uomini quello che si 5 vuole! Per esempio, quel caro signor Cavaliere, che odiava tanto le donne... ora, se volessi, farebbe qualsiasi *bestialità* per me.

SERVITORE: (Da fuori della porta.) Signora Mirandolina? 10

MIRANDOLINA: Che c'è?

SERVITORE: (Entra.) Il mio padrone La saluta, e mi manda a vedere come sta.

MIRANDOLINA: Gli dica che sto benissimo.

SERVITORE: Inoltre, dice di provare un poco di que- 15 sta *medicina*... (Le dà una *boccetta* d'oro.) Le dovrebbe fare molto bene.

MIRANDOLINA: (Prende la boccetta e la osserva attentamente.) È d'*oro* questa boccetta?

SERVITORE: Sì, signora, d'oro. Ne sono certo. 20

boccetta

oro

bestialità, una cosa da bestie, stupida.
medicina, farmaco.

MIRANDOLINA: Perché il Cavaliere non me l'ha data subito quando mi è venuto quell'orribile svenimento?

SERVITORE: Be', perché allora, questa boccetta, non
5 ce l'aveva ancora.

MIRANDOLINA: Ed ora come l'ha avuta?

SERVITORE: Senta... In confidenza, mi ha mandato a comprarne una da un *orefice*; l'ha pagata dodici zecchini; e poi mi ha mandato dallo *speziale* a
10 comprare la medicina per Lei.

MIRANDOLINA: (Ride.) Ah, ah, ah. Non ci posso credere!

SERVITORE: Perché ride?

MIRANDOLINA: Rido perché mi manda la medici-
15 na dopo che sono *guarita*!

SERVITORE: Magari Le servirà un'altra volta.

MIRANDOLINA: Via, ne berrò un poco per farlo contento. (Beve.) Tenga... (Gli porge la boccetta.) Gliela riporti e me lo ringrazi.

20 SERVITORE: Oh! La boccetta è Sua adesso.

MIRANDOLINA: Come "mia"?

SERVITORE: Sì. Il padrone l'ha comprata *apposta* per Lei.

MIRANDOLINA: Apposta per me?

25 SERVITORE: È per Lei –Le dico. La tenga, quindi!

MIRANDOLINA: Ma no. Gli restituisca la boccetta e gli dica che lo ringrazio moltissimo.

SERVITORE: Eh via! Non posso.

MIRANDOLINA: Ditegli che non la voglio, va bene?

---

orefice, uno che compra, lavora e vende l'oro.
speziale, droghiere.
guarire, rinsanire, stare bene di nuovo.
apposta, specificatamente.

SERVITORE: Ma come? Lo vuole offendere in questo modo?

MIRANDOLINA: *Uffa*! Basta con le chiacchiere! Ecco. (Gliela mette in mano.) Gliela riporti e gli dica di non offendersi, ché non ne vale la pena. 5

SERVITORE: Va bene, va bene. Non c'è bisogno di aggiungere altro! Gliela porterò, come vuole Lei. (Tra sé.) Oh che razza di donna! Rifiuta un regalo da *un sacco di* soldi! Giuro che se non l'avessi visto con i miei occhi, non ci avrei mai creduto! (Esce.) 10

SCENA TERZA
Mirandolina sola, poi Fabrizio.

MIRANDOLINA: Oh, il Cavaliere è cotto, stracotto e biscottato! Ma quel che ho fatto con lui, non l'ho fatto per interesse: non sono i soldi quello che voglio! Invece, voglio che lui abbia il coraggio di ammettere la forza delle donne, e che non possa più dire che le 15 donne pensano sempre e soltanto a quello: i soldi!

FABRIZIO: (Con il ferro da stiro.) Ecco qui il ferro!

MIRANDOLINA: È ben caldo?

FABRIZIO: Sì, è caldo. E lo sono anch'io…

MIRANDOLINA: Cosa c'é adesso? 20

FABRIZIO: Questo signor Cavaliere ti manda dei bei regali, eh? Mentre andavo in cucina a prendere il ferro ho incontrato il suo Servitore che mi ha detto tutto.

MIRANDOLINA: Tutto? Allora ti ha anche detto che 25

uffa! basta! (esclamazione)
un sacco di, molti.

mi ha mandato una boccettina d'oro e che io gliel'ho rimandata indietro.

FABRIZIO: Gliel'hai rimandata indietro?

MIRANDOLINA: Sì, una boccetta d'oro da dodici
5   zecchini. Glielo puoi domandare al tuo amico Servitore.

FABRIZIO: Perché gliel'hai rimandata indietro?

MIRANDOLINA: Perché, Fabrizio… Ma insomma…
Non capisci?… Basta, non parliamone più!

10 FABRIZIO: Mirandolina, abbi pazienza, ma…

MIRANDOLINA: Via, ora vai e lasciami stirare!

FABRIZIO: Ma io non voglio disturbarti… Però vorrei
capire…

MIRANDOLINA: Ho detto "basta"! Prendimi un al-
15   tro ferro che questo si raffredderà presto.

FABRIZIO: Sì, vado, ché è meglio che io non dica
niente altro.

MIRANDOLINA: Ecco, bravo: non dire altro e portami un altro ferro quando sarà ben caldo, va bene?

20 FABRIZIO: Va bene, vedró di stare calmo. (Tra sé.) È
una pazza *scatenata*… ma le voglio bene!

MIRANDOLINA: (Da sola, stirando.) E così ho combinato anche questa: ho preso *"due piccioni con una fava!"* Rifiutando la boccetta d'oro, non solo
25   ho dimostrato al Cavaliere che non sono attaccata ai soldi, ma ho anche provato a Fabrizio che non sono interessata al corteggiamento del Cavaliere. E brava Mirandolina! Questo vuol dir saper vivere e saper comportarsi bene con grazia e *disinvoltura*.

scatenata, senza freni, in libertà.
prendere due piccioni con una fava, ottenere il doppio del risultato
   con la stessa fatica (modo di dire).
disinvoltura, non-calanche.

Bene! Così si tiene alto il valore del cosiddetto gentil sesso, no?

SCENA QUARTA
Il Cavaliere e Mirandolina.

CAVALIERE: (La vede prima di entrare.) Eccola. (Tra sé.) Lo sapevo che non avrei dovuto venirci, ma il Diavolo mi ci ha *trascinato*! 5

MIRANDOLINA: (Lo vede *con la coda dell'occhio* e continua a stirare.) Eccolo! Come immaginavo…

CAVALIERE: Mirandolina?

MIRANDOLINA: Oh signor Cavaliere! (Continua a stirare senza voltarsi.) Cosa posso fare per Lei? 10

CAVALIERE: (Entra.) Come sta?

MIRANDOLINA: Benissimo, grazie. Cosa c'è?

CAVALIERE: C'è che sono rimasto deluso da Lei.

MIRANDOLINA: (Guardandolo un poco.) E perché, signore? 15

CAVALIERE: Perché ha rifiutato la boccettina che Le ho mandato.

MIRANDOLINA: (Riprende a stirare.) Cosa voleva che facessi?

CAVALIERE: Volevo che la tenesse e che la usasse 20 ancora quando necessario.

MIRANDOLINA: Per carità! Grazie a Dio non mi capita di svenire spesso. Mi è accaduto oggi ma – vedrà– non mi capiterà più.

CAVALIERE: Cara Mirandolina… non vorrei essere 25

---

trascinare, portare a forza.
con la coda dell'occhio, senza voltarsi.

stato io la ragione del suo svenimento.

MIRANDOLINA: Be', Cavaliere, io non so come dirglielo… ma *temo* purtroppo che sia stata davvero colpa Sua.

5 CAVALIERE: (Con passione.) Io? Davvero?

MIRANDOLINA: Eh, sì. Mi ha fatto bere quel maledetto vino di Orvieto; e quello mi deve avere fatto male.

CAVALIERE: (Rimane mortificato.) Come? Il vino?

10 MIRANDOLINA: È così senz'altro. E sa cosa Le dico?

CAVALIERE: Cosa?

MIRANDOLINA: In camera Sua non ci vengo mai più.

CAVALIERE: Ma come non ci verrete più? Per il vino?

15 Ma no: venga pure quando vuole! Le prometto che non le offrirò mai più del vino. (Teneramente.) La prego, venga pure da me senza paura.

MIRANDOLINA: Questo ferro non è più caldo abbastanza. (Grida.) Ehi, Fabrizio? Se l'altro ferro è cal-

20 do, portamelo!

CAVALIERE: Ora, Mirandolina, mi faccia questo favore: tenga questa boccetta. (Gliela porge.)

MIRANDOLINA: (Continuando a stirare.) In verità, signor Cavaliere, di regali io non ne prendo.

25 CAVALIERE: Ma come? Li ha presi dal Conte d'Albafiorita!

MIRANDOLINA: Per forza: mi ci ha *costretta* lui; ed io ho dovuto cedere perché non volevo che lui si offendesse.

30 CAVALIERE: E Lei vorrebbe fare a me questo torto? Non capisco…

temere, avere paura.
costringere, forzare qualcuno a fare qualcosa.

MIRANDOLINA: Che importa a Lei? Le donne non Le piacciono comunque, no?

CAVALIERE: Ah, Mirandolina! (Confuso.) Vede... Non so più se questo è ancora vero...

MIRANDOLINA: Che cosa mi dice, signor Cavalie- 5 re? Che ha cambiato idea? Ah!

CAVALIERE: Be', veramente...

MIRANDOLINA: (Scherzando.) Signor Cavaliere, a che ora arriva la luna nuova?

CAVALIERE: Il mio cambiamento non è lunatico. Se 10 ho cambiato idea, è per colpa Sua!

MIRANDOLINA: (Ride forte, ma continua a stirare.) Ah, ah, ah!

CAVALIERE: Ride?

MIRANDOLINA: Rido, certo. Non dovrei, forse? Lei è 15 qui che mi prende in giro e non vuole che io rida?

CAVALIERE: Ma io sono serio.

MIRANDOLINA: Ma La prego! Ora basta: non ha senso...

CAVALIERE: Eh, Lei è *furba*! E va bene... faccia pure 20 finta di non aver sentito quello che ho detto; ma prenda questa boccetta, per cortesia. (Le porge la boccetta.)

MIRANDOLINA: (Sempre stirando.) Grazie, grazie.

CAVALIERE: La prenda, per favore, o mi farà arrab- 25 biare.

MIRANDOLINA: (Grida.) Fabrizio, il ferro!

CAVALIERE: (Alterato.) Insomma, La prende oppure no?

MIRANDOLINA: Ecco. (Prende la boccetta, e la get- 30 ta sopra alla biancheria.)

| *furbo*, scaltro.

CAVALIERE: Faccia *piano*, o si romperà!
MIRANDOLINA: (Grida.) Fabrizio!

SCENA QUINTA
Fabrizio, Mirandolina e il Cavaliere.

FABRIZIO: (Entra con il ferro da stiro.) Sono qua. (Vede il Cavaliere e s'ingelosisce.)

5 MIRANDOLINA: (Prende il ferro.) È ben caldo?

FABRIZIO: (Sostenuto.) Sì, signora.

MIRANDOLINA: (A Fabrizio, dolcemente.) Che c'è che non va, Fabrizio?

FABRIZIO: Niente, padrona, niente.

10 MIRANDOLINA: (Lo guarda negli occhi.) Ma stai bene?

FABRIZIO: (Confuso.) Via, dammi l'altro ferro, ché lo metto sul fuoco.

MIRANDOLINA: Ma sei sicuro di stare bene?

15 FABRIZIO: Sì.

CAVALIERE: E via! Gli dia quel ferro!

MIRANDOLINA: (Al Cavaliere.) È che gli voglio bene, sa? È il mio aiutante più prezioso.

CAVALIERE: Prezioso? Ah! (Tra sé.) Non ne posso più.

20 MIRANDOLINA: (Dà il ferro a Fabrizio, toccandogli la mano.) Tieni. Scaldamelo, per favore.

FABRIZIO: (Confuso.) Ma…

MIRANDOLINA: (Prende il ferro caldo e torna a stirare.) Via, via, presto.

25 FABRIZIO: Vado. (Tra sé.) Che vita! Non ne posso proprio più! (Esce.)

---

piano, adagio.

SCENA SESTA
Il Cavaliere e Mirandolina.

CAVALIERE: Però, signora! Lo tratta davvero bene il Suo "aiutante più prezioso."

MIRANDOLINA: (Stirando.) Certo. E con questo?

CAVALIERE: Si vede che Le piace.

MIRANDOLINA: Io innamorata di un cameriere? Mi 5 fa un gran bel complimento, signore! Un cameriere? Ma per chi mi ha preso? Secondo Lei, io sprecherei del tempo a correre dietro ad un cameriere?

CAVALIERE: Se permette, secondo me, Lei meriterebbe… un re. 10

MIRANDOLINA: (Scherzando.) Sì, il *re di spade* o *il re di coppe*?

CAVALIERE: Basta, parliamo seriamente, Mirandolina, Le va? 15

MIRANDOLINA: Parli pure, ché io L'ascolto.

re di spade, re di coppe

CAVALIERE: Non potrebbe smettere di stirare per un po'? 20

MIRANDOLINA: Oh mi perdoni! Ma volevo finire di sistemare questa biancheria per domani.

CAVALIERE: Vuole dire che stirare è più importante che parlare con me?

MIRANDOLINA: Be', sì. 25

CAVALIERE: Ne è sicura?

MIRANDOLINA: Certo. Perché questa biancheria mi serve mentre so che non posso *contare su* di Lei.

---

contare su, fidarsi di.

111

CAVALIERE: Andiamo, Mirandolina! Certo che potete contare su di me!

MIRANDOLINA: Ma se non potete sopportare le donne?

5 CAVALIERE: Ancora con questa storia? Non siete ancora stanca di prendermi in giro? Non si è vendicata abbastanza? Le ho detto che non è vero che odio tutte le donne e ho aggiunto che a farmi cambiare idea è stata proprio Lei. In conclusione, stimo Lei,

10 e tutte le donne come Lei, se ne esistono.

MIRANDOLINA: Oh sì, signore. Se ne trovo, riferirò loro, va bene? (Un tovagliolo cade dal tavolo.)

CAVALIERE: (Raccoglie il tovagliolo e glielo dà.) Perché non volete credermi?

15 MIRANDOLINA: Non si disturbi.

CAVALIERE: Lei merita di esser servita.

MIRANDOLINA: (Ride forte.) Ah, ah, ah!

CAVALIERE: Ride?

MIRANDOLINA: Pensavo che volesse essere serio,

20 ma vedo che continua a scherzare.

CAVALIERE: Ma io sono serio quando Le dico che mi piacerebbe… (Teneramente.) Prendermi cura di Lei.

MIRANDOLINA: Ah, ah, ah.

CAVALIERE: Mirandolina, non ne posso più.

25 MIRANDOLINA: Sta male?

CAVALIERE: Sì… Non lo vede?

MIRANDOLINA: Tenga: prenda un sorso della sua medicina. (Prende la boccetta e gliela passa.)

CAVALIERE: Non mi trattate così! (Teneramente.)

30 Io… –glielo giuro– La amo. (Vuole prenderle la mano di Mirandolina ma lei si gira *di scatto* e gli

| *di scatto*, improvvisamente.

112

scotta la mano con il ferro da stiro.) Ahi!

MIRANDOLINA: Ops! Mi perdoni: sono mortificata. Non l'ho fatto apposta.

CAVALIERE: Pazienza! Non è niente.

MIRANDOLINA: Si è scottato? 5

CAVALIERE: Sì, Lei mi ha proprio scottato *di brutto*.

MIRANDOLINA: Dove, signore?

CAVALIERE: (Patetico.) Nel cuore.

MIRANDOLINA: (Grida.) Fabrizio!

CAVALIERE: Per carità! Perché chiama quel *tizio*? 10

MIRANDOLINA: Ho bisogno dell'altro ferro.

CAVALIERE: Ma questo è ancora caldo, gliel'assicuro io che l'ho provato.

MIRANDOLINA: Sì, ma si raffredderà subito, io lo so. (Grida.) Fabrizio, dove sei? 15

CAVALIERE: Lasci che chiami il mio servitore.

MIRANDOLINA: Oh, bella! E cosa c'è che non va con Fabrizio?

CAVALIERE: Quello là mi dà i nervi e non lo voglio più vedere. 20

MIRANDOLINA: Ma Fabrizio è il mio aiutante.

CAVALIERE: (Con asprezza.) Be', ne chiami un altro, ché quel cascamorto lá non è l'unico che c'é.

MIRANDOLINA: Mamma mia! Lei è proprio arrabbiato, signor Cavaliere! 25

CAVALIERE: Sì, ha ragione… sono fuori di me.

MIRANDOLINA: Facciamo così. Vado io in cucina, così non vedrà Fabrizio. (Fa per uscire con il ferro da stiro.)

---

scottare, bruciare.
di brutto, malamente.
quel tizio, quel tipo, quell'uomo.

CAVALIERE: No, si fermi! (La trattiene per un braccio.)

MIRANDOLINA: E perché? (Liberandosi e allontanandosi.)

5 CAVALIERE: Abbia pazienza! (Le va dietro.)

MIRANDOLINA: Non posso chiamare chi voglio? (Andando in giro per la sala.)

CAVALIERE: Va bene. Glielo confesso: sono geloso di lui. (Continua ad inseguirla.)

10 MIRANDOLINA: Ma… Cavaliere! (Tra sé.) È impazzito? Mi segue come un'ombra!

CAVALIERE: Questa è la prima volta che io provo qualcosa del genere per una donna.

MIRANDOLINA: E questo cosa centra con il mio
15 ferro da stiro?

CAVALIERE: Ma niente, Mirandolina, è che…

MIRANDOLINA: Allora posso prenderne un altro bello caldo.

CAVALIERE: Certamente, ma…

20 MIRANDOLINA: (Voltandosi di scatto.) Insomma cosa vuole da me?

CAVALIERE: (Crollando.) Soltanto un po'… d'amore, Mirandolina. Come glielo devo dire?

MIRANDOLINA: Mi scusi ma non ci posso credere.
25 Stamattina Lei diceva di odiare tutte le donne e adesso vorrebbe farmi credere che si è innamorato di me? La locandiera? Ma via, signor Cavaliere! Non so che scherzo si sia messo in testa di farmi, ma io non ho alcuna intenzione di cascarci.

30 CAVALIERE: Ma…

MIRANDOLINA: (Interrompendolo) Ed ora, se permette, devo andare. (Tra sé.) Così impara a fare il duro con le donne! (Esce.)

SCENA SETTIMA
Il Cavaliere solo.

CAVALIERE: Oh, maledetta quella volta che ho trovato questa donna! Sono cascato nella sua *trappola* e adesso non c'è più un *rimedio* che mi faccia star meglio. (Guarda la boccetta con la medicina; la prende, ne beve un goccio e poi lo sputa.) Bleah!

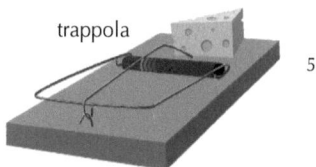

trappola

5

SCENA OTTAVA
Il Marchese e il Cavaliere.

MARCHESE: (Da fuori.) Cavaliere, Lei mi ha *insultato*! 10
CAVALIERE: Mi perdoni, Marchese, è stato un incidente. (Rimette sul tavolo la boccetta.)
MARCHESE: (Entra.) Mi meraviglio di Lei!
CAVALIERE: Ha ragione… Anch'io. (Si siede.) Ma almeno non l'ho colpita con quel bicchiere, vero? 15
MARCHESE: Il bicchiere no, ma –vede?– una goccia d'acqua mi *ha macchiato* il vestito.
CAVALIERE: Le ripeto, mi perdoni.
MARCHESE: La Sua è stata una grave mancanza di rispetto. 20
CAVALIERE: Non l'ho fatto apposta. La prego ancora di perdonarmi.

rimedio, soluzione, medicina.
insultare, offendere.
macchiare, fare una macchia.

MARCHESE: Voglio soddisfazione.

CAVALIERE: (Sostenuto.) Più che scusarmi, davvero non so cos'altro potrei fare per Lei.

MARCHESE: Ho paura che questa *macchia* non vada
5   più via. (Gli mostra un *angolo della giacca*.) Per questo sono arrabbiato con Lei.

CAVALIERE: (Arrabbiato.) Vedo. E cosa vuole, allora?

MARCHESE: Be', se non l'ha fatto apposta…

CAVALIERE: (Batte il pugno sul tavolo.) Le ho chie-
10   sto: che cosa vuole?

MARCHESE: Ma niente, via, parliamo d'altro!

CAVALIERE: (Ancora molto teso.) Bene!

MARCHESE: Oh questa è bella! Adesso io mi sono calmato e si è arrabbiato Lei!

15 CAVALIERE: In effetti, non sono di buon umore.

MARCHESE: Mi dispiace. Posso sapere cosa Le è successo?

CAVALIERE: No, sono fatti miei.

MARCHESE: Sì, sì, sono fatti Suoi… Per carità! (Si
20   siede vicino al Cavaliere.) Come se non si vedesse qual è il Suo problema.

CAVALIERE: E Lei che cosa ne sa, del mio problema?

MARCHESE: E via, Cavaliere! È chiaro che anche Lei
25   si è innamorato!

CAVALIERE: Ah, è così?

MARCHESE: Ma sì, Cavaliere, a che serve negarlo, no?

CAVALIERE: Senta, glielo dico una volta sola: mi la-
30   sci stare, o giuro che gliela farò pagare, capito? (Esce.)

| *angolo della giacca*, vedi illustrazione a pag. 118.

SCENA NONA
Il Marchese solo.

MARCHESE: Poveretto! È innamorato e si vergogna.
Ma lo capisco. Ha paura di me perché sa che io
conosco Mirandolina da molto più tempo di lui e
che Mirandolina è attratta dal prestigio della mia
nobiltà. Eh, poveretto! In fondo, non deve essere 5
una cosa facile trovarsi a competere con un rivale
come me! Mi dispiace per lui, ma io che ci posso
fare? Niente! Sono chi sono. Però, mi dispiace
moltissimo anche per questa macchia qui. Magari
sapessi come fare a levarla! Vediamo se qui le don- 10
ne hanno qualcosa per togliere le macchie. (Vede
la biancheria e, sul tavolo, la boccetta.) Bella questa boccetta! Che sia d'oro? Eh, se fosse d'oro, non
l'avrebbero lasciata qui! Vediamo cosa c'è dentro.
(La apre e la annusa.) Buono! Questo dovrebbe 15
funzionare senz'altro!

SCENA DECIMA
Deianira e il Marchese.

DEIANIRA: (Entrando.) Signor Marchese, che fa qui
solo?
MARCHESE: Oh, signora Contessa, stavo giusto ve-
nendo a cercarLa.   20
DEIANIRA: Che cosa sta facendo qui?
MARCHESE: Sa, io sono un fanatico della pulizia e
stavo tentando di togliere questa piccola macchia.
(Gli mostra un angolo della giacca.)

macchia   angolo della giacca

DEIANIRA: Con che cosa, signore?

MARCHESE: Con questo. (Le porge la boccetta aperta.)

DEIANIRA: (La annusa.) Ma questo è *spirito di ortica*!
5 Mi scusi se glielo dico, ma lo spirito di ortica non funziona; *anzi* Le lascerebbe una macchia ancora peggiore.

MARCHESE: Dunque, cosa devo fare?

DEIANIRA: Oh, io so come togliere le macchie come
10 questa.

MARCHESE: Potrebbe aiutarmi?

DEIANIRA: Volentieri. Se vuole, Le prometto di far scomparire questa macchia per soltanto uno scudo.

MARCHESE: Come? Ci vuole uno scudo?

15 DEIANIRA: Sì, signore, Le sembra una grande spesa?

spirito di ortica, il distillato di un erba.
anzi, invece.

118

MARCHESE: È che... adesso non posso togliermi questa giacca.

DEIANIRA: Faccia come crede. Ma è buono quello spirito di ortica?

MARCHESE: Dire di sì. Senta. (Le dà la boccetta.) 5

DEIANIRA: (Lo assaggia.) Oh, ma io ne so fare di meglio!

MARCHESE: Davvero Lei sa distillare?

DEIANIRA: Sì, signore. So fare un po' di tutto. (Osserva la boccetta.) 10

MARCHESE: Brava, la mia signora, brava. Così mi piace.

DEIANIRA: È d'oro questa boccetta?

MARCHESE: Certo che è d'oro!

DEIANIRA: È Sua, signor Marchese? 15

MARCHESE: Sì, è mia; ma la potete tenere se vuole.

DEIANIRA: Le sono davvero grata, Marchese. Lei è davvero gentile!

MARCHESE: Ma via! È una sciocchezza!

DEIANIRA: Come? Ma non mi avete appena detto 20 che è d'oro?

MARCHESE: Sì, ma per una donna del vostro calibro... non è niente! Se vuole, Le posso fare dei regali molto più preziosi.

DEIANIRA: Ancora più preziosi? Ma è meraviglioso! 25 Non so come ringraziarLa, signor Marchese. Lei ha un cuore infinitamente grande!

MARCHESE: (Imbarazzato.) Senta, Deianira... Francamente, quella boccetta che Le ho dato non è d'oro.

DEIANIRA: Oh, ma non importa: non lo saprà nessu- 30 no. E poi, tutto quello che viene dalle sue mani è prezioso per me.

MARCHESE: (Ancora più imbarazzato.) Basta. Non so che dire.

DEIANIRA: Lei, Marchese, è cosí generoso!

MARCHESE: In realtà, mi vergogno a regalarLe que-
5 ste stupidaggini. Vorrei davvero che quella boccetta fosse d'oro.

DEIANIRA: Be', ma pare proprio d'oro. Non se ne accorgerà nessuno.

MARCHESE: È vero, ad occhi inesperti può sembrare
10 d'oro, ma a me che me n'intendo…

DEIANIRA: Anche il peso sembra quello dell'oro.

MARCHESE: Eppure non è oro.

DEIANIRA: Posso farla vedere alla mia compagna?

MARCHESE: Ma certamente! Però senta, signora
15 Contessa: non la faccia vedere a Mirandolina. È una chiacchierona. Non so se mi capisce…

DEIANIRA: La capisco perfettamente. Glielo prometto: la mostrerò solamente ad Ortensia.

MARCHESE: Vuole dire "alla Baronessa"?
20 DEIANIRA: Sì, sì, alla Baronessa. (Ridendo esce.)

SCENA UNDICESIMA

Il Marchese, poi il Servitore del Cavaliere.

MARCHESE: (Solo.) Però, era proprio contenta! Credo che rida perché è riuscita ad avere quella boccetta da me senza tanta fatica. Ed era contenta
come se fosse stata d'*oro massiccio*! Meno male
25 che non vale molto. Bisognerà comunque pagar-
gliela, a Mirandolina. E che cosa potrà costare?

---

oro massiccio, 100% oro.

Due spiccioli. Glieli darò non appena ne avrò.

SERVITORE: (Entra e cerca sul tavolo) Dove diavolo è finita?

MARCHESE: Che cosa cerca?

SERVITORE: Cerco una boccetta. La signora Miran- 5 dolina dice che l'ha lasciata qui, ma non la vedo.

MARCHESE: Era una boccettina dorata?

SERVITORE: No signore, era una boccetta d'oro massiccio.

MARCHESE: D'oro? 10

SERVITORE: (Continua a cercare tra la biancheria.) Certo che era d'oro! Sono andato a pagarla io ed è costata ben dodici zecchini.

MARCHESE: (Tra sé.) Oh *porca miseria*! (Al Servitore.) E come mai ha lasciato qui incustodita una 15 boccetta d'oro?

SERVITORE: Se l'è dimenticata: aveva fretta.

MARCHESE: Non ci posso credere che abbia dimenticato qui una boccetta d'oro!

SERVITORE: Era d'oro, Le dico. (Si ferma e guarda il 20 Marchese.) Non è per caso che Lei l'ha vista?

MARCHESE: Io? Io non ho visto niente.

SERVITORE: Ne è sicuro? Ma Lei non mi ha parlato di una boccetta dorata?

MARCHESE: No, no, io… stavo solo tentando di·im- 25 maginarmela.

SERVITORE: Be', c'era davvero molto vicino.

MARCHESE: *Embé*?

SERVITORE: Niente, è che…

MARCHESE: Che cosa? 30

---

porca miseria! esclamazione.
embé? quindi?

SERVITORE: Basta. Dirò a Mirandolina che qui non c'é. Magari… (Guardando il Marchese.) La troverà da qualche altra parte, no? (Il Marchese non risponde, e il Servitore esce.)

SCENA DODICESIMA
Il Marchese solo, poi il Conte.

5 MARCHESE: (Agitato) Oh povero me! Oh povero Marchese di Forlipopoli! Ho dato via una boccetta d'oro che vale dodici zecchini e che non era neanche mia! Come faccio adesso a recuperarla senza *perdere la faccia*? Se la chiedo indietro alla Contes-
10 sa, Lei mi considererà per sempre un buffone; ma se Mirandolina viene a scoprire che sono stato io a darla alla Contessa, mi *svergognerà* davanti a tutta Firenze e perderò per sempre il mio onore di Marchese. In fondo, io… Devo pagarla. Ma è colpa
15 mia, se non ho un soldo?
CONTE: (Entra.) Che ne dite, signor Marchese, dell'ultima novità?
MARCHESE: Quale novità, Conte?
CONTE: Il Cavaliere, il *bisbetico* selvaggio, il di-
20 sprezzatore delle donne, si è innamorato di Mirandolina!
MARCHESE: Mi fa solo piacere. Così si renderà conto delle qualità di quella donna eccezionale. Così la pagherà per il suo maledetto orgoglio. E anche

perdere la faccia, fare una brutta figura.
svergognare, biasimare.
bisbetico, antipatico.

Lei, signor Conte, deve ammettere che io non corro dietro ad una donna qualsiasi.

CONTE: Ma se Mirandolina gli corrisponde? Marchese, non ci ha pensato?

MARCHESE: Oh, questo non può succedere. Mirandolina non mi farebbe mai un torto simile, perché lei sa bene chi sono io e sa cosa ho fatto per lei.

CONTE: Ma mi faccia il piacere! Io ho fatto per Mirandolina molto di più di quello che ha fatto Lei, eppure… Con che risultato? E poi Mirandolina è certamente interessata al Cavaliere di Ripafratta: so per certo che ha usato verso di lui delle attenzioni che non ha avuto né per me né per Lei. Ciò dimostra semplicemente che è vero quello che dicono: con le donne più che si fa, meno si merita. Le donne, mio caro, ridono di chi le corteggia e corrono dietro a chi le disprezza.

MARCHESE: Se quello che dice fosse vero… Ma non può essere!

CONTE: Perché non può essere?

MARCHESE: Scusi, ma Lei non vorrà mica paragonare il Cavaliere a me, il Marchese di Forlipopoli?

CONTE: Ma come? Non l'ha vista anche Lei seduta alla tavola del Cavaliere ieri sera? Con noi ha mai dimostrato una confidenza simile? E poi, a lui ha dato la migliore biancheria della locanda e lo ha sempre servito in tavola prima di tutti. Non solo: le pietanze del Cavaliere… gliele ha fatte Lei stessa, con le sue mani, e non gliele ha neppure messe in conto. I servitori vedono tutto, e parlano. Fabrizio freme di gelosia. E infine quello svenimento, vero o finto che fosse, non è stato un segno evidente d'amore?

MARCHESE: (Alterandosi.) Come? A lui gli fanno le specialità della casa e a me mi portano *minestra* di *riso lungo*? Se questo è vero, è una gravissima mancanza di rispetto per il mio grado e condizione.

5 CONTE: Ed io che ho speso così tanto per lei?

MARCHESE: Ed io che le ho fatto un sacco di doni preziosi in continuazione? Le ho persino dato da bere quel vino di Cipro così raro! Sono certo che il Cavaliere non le ha mai fatto dei regali altrettanto costosi!

10 CONTE: Be', questo non è vero. Anche lui le ha fatto qualche regalo.

MARCHESE: Sì? E che cosa le ha donato?

CONTE: Per esempio, una boccettina d'oro con una medicina.

15 MARCHESE: (Tra sé.) Ohimè! (Al Conte) E Lei come lo ha saputo?

CONTE: Il suo Servitore l'ha detto al mio.

MARCHESE: (Tra sé.) Sempre peggio! Adesso devo scusarmi anche con il Cavaliere.

20 CONTE: La verità è che questa donna è un'ingrata. E quand'è così, voglio assolutamente lasciarla. Voglio partire al più presto da questa locanda.

MARCHESE: Sì, fa bene ad andarsene.

CONTE: E Lei resterà qui a mangiare la minestrina di
25 riso lungo dopo tutte le offese che ha ricevuto? Se Lei ci tenesse davvero al Suo onore, dovrebbe partire subito con me.

MARCHESE: Ma… Dove dovrei andare?

CONTE: Le troverò io un posto dove stare. Lasci che
30 ci pensi io.

---

minestra, zuppa.
riso lungo, riso cotto troppo a lungo.

MARCHESE: E questo posto... Come sarebbe?

CONTE: Andremo a casa d'un mio paesano. Non spenderemo nulla.

MARCHESE: Basta. Conte amatissimo, come amico Lei mi è così caro che non posso certamente dirLe 5 di no!

CONTE: Andiamocene via, e vendichiamoci di questa femmina ingrata!

MARCHESE: Sì, ha ragione, andiamo via! (Tra sé.) E la boccetta? Non posso andarmene via senza pagarla. 10

CONTE: Non si pentirà, signor Marchese. Forza, andiamo via di qui. Mi faccia questo favore ed io l'aiuterò come posso.

MARCHESE: Le dirò, in verità è proprio questo che mi preoccupa, perché –in confidenza: che nessu- 15 no lo sappia!– il mio fattore a volte mi manda i miei soldi in ritardo.

CONTE: Dovete forse qualcosa a Mirandolina?

MARCHESE: Ebbene, sì: dodici zecchini.

CONTE: Dodici zecchini? 20

MARCHESE: Così è, purtroppo, le devo dodici zecchini. E Lei capisce: non posso partire senza pagarla. Se Lei mi facesse il piacere...

CONTE: Volentieri. EccoLe i dodici zecchini. (Li tira fuori la borsa.) 25

MARCHESE: Aspetti. Ora che mi ricordo, sono tredici. (Tra sé.) Voglio restituire anche al Cavaliere lo zecchino che mi ha dato.

CONTE: Dodici o tredici... è lo stesso per me. Tenga.

MARCHESE: Glieli renderò appena possibile. 30

CONTE: Quando vuole. Non mi mancano i soldi e per vendicarmi di questa donnaccia non ho intenzione di badare a spese.

MARCHESE: Sì, ha ragione: è veramente un'ingrata.

CONTE: Vedrà: voglio rovinare la sua locanda. Ho fatto andar via anche quelle due attrici.

MARCHESE: Quali attrici?

5 CONTE: Quelle due che ha conosciuto anche lei.

MARCHESE: La Contessa e la Baronessa?

Conte Ma no! Ortensia e Deianira.

MARCHESE: Come? Non sono delle signore?

CONTE: No, no! Sono due attrici comiche. Sono ar-
10 rivati i loro compagni e la commedia è terminata.

MARCHESE: (Tra sé.) La mia boccetta! (Al Conte.) Dove sono adesso?

CONTE: In una casa vicino al teatro.

MARCHESE: Allora, signor Conte, vado a far visita
15 subito a queste due commedianti e tornerò subito per andarmene con Lei.

CONTE: Sta bene, ma non ci metta troppo tempo.

MARCHESE: Come ha detto che si chiamano?

CONTE: Ortensia e Deianira.

20 MARCHESE: Bene. Arrivederci a presto.

CONTE: A presto.

MARCHESE: (Tra sé.) Devo recuperare quella boccetta! (Esce.)

CONTE: (Solo.) Mi voglio vendicare di questa locan-
25 diera. Sembrava che non si curasse di nessuno, ed invece voleva fare affari con il Cavaliere! Mi vendicherò così: svuotandole la locanda. E in quanto al Cavaliere, quel maledetto *contaballe*, me la pagherà anche lui, in qualche modo! (Esce.)

[Cambio di scena]

contaballe, uno che dice bugie, un bugiardo.

DOMANDE

1. Cosa ha da fare Mirandolina?
2. Fabrizio la aiuta volentieri? Come?
3. Cosa porta a Mirandolina il Servitore del Cavaliere? Perché?
4. Perché Mirandolina rifiuta il regalo?
5. Chi sono "i due piccioni" che Mirandolina prende "con una fava"?
6. Perché è svenuta Mirandolina?
7. Perché il Cavaliere si sente responsabile dello svenimento di Mirandolina?
8. Cosa pensa il Cavaliere di Fabrizio?
9. Cosa dice di importante il Cavaliere a Mirandolina?
10. Come si vendica Mirandolina?
11. Alla fine, cosa vuole il Cavaliere da Mirandolina?
12. Perché il Marchese è arrabbiato con il Cavaliere?
13. Cosa vuole veramente il Marchese?
14. Secondo il Marchese, perché il Cavaliere si vergogna?
15. Perché il Marchese prende la boccetta?
16. Perché il Marchese la regala a Deianira?
17. Chi se ne intende di più d'oro: il Marchese o Deianira?
18. Cosa dice il Conte al Marchese?
19. Come lo convince a lasciare la locanda?
20. Dove sono adesso Ortensia e Deianira?
21. Perché il Conte vuole vendicarsi contro Mirandolina?

SCENA TREDICESIMA
Camera con tre porte.
Mirandolina sola.

MIRANDOLINA: (Agitata.) Oh povera me! In che guaio mi trovo! Se il Cavaliere arriva qui adesso, *sto fre-*
sca. Si è arrabbiato tantissimo. Se mi trova, farà il *fi-*
nimondo! Meglio che io chiuda questa porta
5   immediatamente. (Chiude a *chiave* la *porta* da dove
è venuta.) Ora comincio quasi a pentirmi di quel che
ho fatto. È vero che mi sono divertita molto a far innamorare di me uno scorbutico che diceva di odiare
tutte le donne; ma ora quello lì potrebbe mettere in
10 pericolo la reputazione della mia locanda. Qui mi
conviene trovare una soluzione alla svelta. In fondo
sono sola, e non ho più nessuno che rischierebbe
qualcosa per difendermi. A parte forse il buon Fabrizio… ma anche lui sta quasi per arrabbiarsi con me.
15 Certo che se gli promettessi di sposarlo, mi aiutereb-
be senz'altro. Ma, non so, perché… Prometti, prometti, anche lui si stancherà di credermi… Sarebbe
quasi meglio che io lo spo-
sassi davvero, così si fidereb-
20 be e farebbe qualsiasi cosa
per me. E con un matrimonio
simile metterei in salvo la
mia reputazione, la mia locanda, i miei affari e, ovvia-
25 mente, anche la mia libertà.

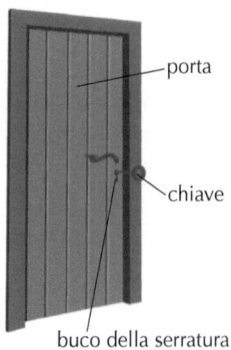

porta

chiave

buco della serratura

stare freschi, essere nei guai.
finimondo, terremoto.

SCENA QUATTORDICESIMA
Il Cavaliere fuori dalla porta e Mirandolina;
poi Fabrizio.

CAVALIERE: (Bussa alla porta.) Mirandolina?

MIRANDOLINA: (Tra sé.) È già qui!

CAVALIERE: (Continua a bussare.) Mirandolina, mi
apra, la prego.

MIRANDOLINA: (Tra sé.) Aprirgli? Non sono mica 5
pazza!

CAVALIERE: Mirandolina, lo so che Lei è là dentro.

MIRANDOLINA: Cosa vuole, signor Cavaliere?

CAVALIERE: Entrare e parlarLe.

MIRANDOLINA: Sia gentile, torni in camera sua e mi 10
aspetti lì: Le prometto che arriverò subito da Lei.

CAVALIERE: Perché non vuole aprirmi?

MIRANDOLINA: Perché sono sporca e non voglio
che Lei mi veda così. Per cortesia, signor Cavaliere,
vada ad aspettarmi di là. 15

CAVALIERE: E va bene: vado. Ma La prego: venga al più
presto, altrimenti… se ne potrebbe pentire. (Parte.)

MIRANDOLINA: Va bene grazie. (Tra sé.) Pentirme-
ne? Povera me se ci andassi! Mamma mia! Qui, la
cosa va sempre peggio. Devo trovare una soluzio- 20
ne al piu presto. È andato via? (Guarda *attraverso
il buco della serratura*.) Sì, sì, è andato. Mi aspetta
in camera, ma non ci vado. (Si avvicina ad un'altra porta.) Ehi, Fabrizio? Fabrizio dove sei? Mi
senti? (Tra sé.) Sarebbe davvero un guaio se ora 25
Fabrizio si vendicasse di me, e non mi volesse
più aiutare… Oh, ma non c'è pericolo! Con un

---

attraverso, per.

po' di delicatezza e attenzione, sono sicura che
saprò come raddolcirlo... (Grida.) Fabrizio!

SCENA QUINDICESIMA
Mirandolina e Fabrizio;
poi il Cavaliere fuori dalla porta.

FABRIZIO: (Entra.) Mi hai chiamato?
MIRANDOLINA: Vieni qui, Fabrizio: ho una cosa
5   importante da dirti.
FABRIZIO: (Si avvicina.) Sono qui.
MIRANDOLINA: Ecco, Frabizio, devi sapere che il
Cavaliere di Ripafratta mi ha detto che si è innamorato di me.
FABRIZIO: Eh, come se non me ne fossi accorto!
10 MIRANDOLINA: Ah sì? Tu te ne eri accorto? Io in
verità non ci avevo mai fatto caso.
FABRIZIO: Come sarebbe che non te ne sei mai accorta? Non ci posso credere! Con tutte quelle sto-
rie di gelosia che ha fatto per me!
15 MIRANDOLINA: Hai ragione, sono stata una sciocc-
ca. Ma io pensavo che a lui non piacessero le donne. Be' insomma, adesso mi ha chiesto di quelle
cose, Fabrizio!
FABRIZIO: Vedi, Mirandolina, questi sono i rischi
20 che una come te corre quando *gestisce* una locanda da sola. Una bella giovane donna sola, senza
padre, senza madre, senza nessuno che ne proteg-
ga l'onore, prima o poi ci sarà sempre qualcuno
che, dicendosi innamorato, le darà *fastidio*.

gestire, condurre.
fastidio, disturbo.

MIRANDOLINA: Hai ragione, Fabrizio: ora capisco bene cosa volevi dirmi. E per questo ho pensato di seguire il tuo consiglio e di sposarmi.

FABRIZIO: E ti ricordi ancora di cosa ha detto tuo padre? 5

MIRANDOLINA: Sì, me ne ricordo.

CAVALIERE: (Batte di nuovo alla porta.) Mirandolina!

FABRIZIO: (Forte verso la porta.) Chi è che bussa?

CAVALIERE: Sono io. Mi apra. 10

MIRANDOLINA: (Piano a Fabrizio.) Il Cavaliere.

FABRIZIO: (Piano a Mirandolina.) E allora? Non posso aprirgli?

MIRANDOLINA: (A Fabrizio.) No, aspetta. Voglio andarmene, prima. 15

CAVALIERE: Chi c'è?

FABRIZIO: Un attimo. (A Mirandolina.) Di che cosa hai paura? Ci sono qui io.

MIRANDOLINA: Non so, ma quello lì mi terrorizza adesso. (Esce dalla porta in fondo.) 20

FABRIZIO: Non ti preoccupare, Mirandolina, ci penso io. (Forte al Cavaliere.) Che cosa vuole?

CAVALIERE: (Grida.) Apri!

FABRIZIO: Ma che vuole, signore? Le sembra questo il modo di comportarsi? 25

CAVALIERE: Ho detto: "Apri questa porta!" (Si sente che la sforza.)

FABRIZIO: (Tra sé.) *Miseriaccia*! È proprio impazzito! Meglio chiedere aiuto. (Grida.) C'è nessuno di là? Ehi! 30

---

miseriaccia! esclamazione.

SCENA SEDICESIMA
Il Marchese, il Conte, Fabrizio,
e il Cavaliere dietro la porta.

CONTE: (Entra con il Marchese dalla terza porta.)
Che c'è?

MARCHESE: Che cosé questo *fracasso*?

FABRIZIO: (Piano al Conte e al Marchese.) Signori,
5   vi prego, aiutatemi: il signor Cavaliere di Ripafratta
vuole sfondare quella porta.

CAVALIERE: (Grida.) Aprimi, o la butto giù!

MARCHESE: Che sia diventato pazzo? (Al Conte.)
Andiamo via!

10 CONTE: (A Fabrizio.) Apritegli. Voglio parlare con
lui.

FABRIZIO: Va bene, gli aprirò… ma poi chi lo ferme-
rà?

CONTE: Non si preoccupi. Ci siamo qui noi.

15 MARCHESE: (Tra sé.) Noi? Ed io che ci faccio qui?
Non mi sembra mica il momento migliore per discutere con il Cavaliere…

FABRIZIO: Allora apro?

CONTE: Sì. (Fabrizio apre ed entra il Cavaliere.)

20 CAVALIERE: Dov'è? Dov'è?

FABRIZIO: Chi cerca, signore?

CAVALIERE: Mirandolina. Dov'è?

FABRIZIO: Io non lo so.

MARCHESE: (Tra sé.) Oh bene. *Ce l'ha* con Mirando-
25   lina. Allora sono ancora salvo!

CAVALIERE: Maledetta, la troverò. (Si dirige verso la

fracasso, rumore forte.
avercela con qualcuno, essere arrabbiato con qualcuno.

132

porta di fondo, ma vede il Conte e il Marchese.)

CONTE: (Al Cavaliere.) Con chi ce l'ha, Cavaliere?

MARCHESE: Cavaliere, possiamo aiutarla? Noi siamo Suoi amici, no?

CAVALIERE: (Tra sé.) Maledizione, cosa ci fanno questi qui?

FABRIZIO: Cosa vuole, signore, da Mirandolina? Si può sapere?

CAVALIERE: (Torna indietro e affronta Fabrizio.) A te non devo rendere conto di niente. Sono un cliente della locanda, pago per essere servito, e il resto sono affari miei. Intesi?

FABRIZIO: Lei paga per essere servito alla locanda nelle cose lecite ed oneste, ma non può pretendere poi che una donna onesta…

CAVALIERE: Ma che dici? Che ne sai tu di che cosa ho chiesto alla locandiera? So io che cosa ho chiesto alla locandiera e se era "lecito ed onesto!"

FABRIZIO: So che le ha chiesto di venire in camera Sua.

CAVALIERE: Ma va' via, idiota, se non vuoi che ti rompa la testa!

FABRIZIO: Mi meraviglio di lei, signore!

MARCHESE: (A Fabrizio.) Schhh! Vada via adesso.

CONTE: (A Fabrizio.) È meglio che se ne vada.

CAVALIERE: (A Fabrizio.) Sparisci!

FABRIZIO: (Agitandosi.) Signore…

CONTE: Via! Qui ci pensiamo noi.

MARCHESE: Sì, è meglio che...

FABRIZIO: (Tra sé.) Maledizione! Gli spaccherei la faccia a quel villano! (Esce.)

SCENA DICIASSETTESIMA
Il Cavaliere, il Marchese ed il Conte.

CAVALIERE: (Tra sé.) *Vigliacca*! Mi ha fatto aspettare per niente in camera!

MARCHESE: (Piano al Conte.) Che diavolo ha?.

CONTE: (Piano al Marchese.) Non lo vede? È inna-
5   morato di Mirandolina.

CAVALIERE: (Tra sé.) E intanto era qui con Fabrizio e parlavano di matrimonio.

CONTE: (Tra sé.) Questo è il momento giusto per vendi-carmi. (Al Cavaliere.) Signor Cavaliere, mi sembra che
10   Lei si sia cacciato in un gran bel guaio, non è vero?

CAVALIERE: (Sarcastico.) Che *perspicacia*!

CONTE: La verità è che Lei voleva ingannarci tutti ed invece, alla fine, è Lei quello che è rimasto ingan-nato.

15 CAVALIERE: Che?

CONTE: E questo ovviamente non lo può *mandare giù*.

CAVALIERE: Non capisco di che cosa diavolo Lei stia parlando!

CONTE: Io invece so bene perché Lei si sta compor-
20   tando come un pazzo *sfrenato*!

CAVALIERE: (*Interdetto*.) Che cosa? (Al Marchese.) Il Conte parla arabo. Lei, Marchese, ha idea di che cosa voglia dire?

MARCHESE: (Preso a metà tra i due.) Amico, io non
25   so niente.

---

vigliacca, vile.
perspicacia, intelligenza.
mandare giù, accettare.
sfrenato, senza freno.
interdetto, sopreso, perplesso.

CONTE: Parlo di Lei, signor Cavaliere, che, mentre pretendeva di odiare tutte le donne, si è dato da fare per *insidiare* in tutti i modi Mirandolina…

CAVALIERE: Io?

CONTE: …Come se non sapesse che io stavo già corteggiando Mirandolina.

CAVALIERE: (Al Marchese.) Ma è impazzito?

MARCHESE: Io non parlo.

CONTE: Cavaliere, sono qui!

CAVALIERE: La vedo, purtroppo.

CONTE: È con me che dovete parlare!

MARCHESE: (Indicando il Conte.) Sì, è con lui.

CAVALIERE: Parlare?

CONTE: Non si sarà mica offeso perché l'abbiamo scoperto!

CAVALIERE: Ma che dice?

MARCHESE: Non so.

CONTE: Forse si vergogna che i suoi *bassi* istinti siano ora chiari a tutti?

CAVALIERE: Ah! Io mi vergogno solo di essere stato qua ad ascoltare Lei e tutte le sue maledette balle!

CONTE: *Balle?*

MARCHESE: (Tra sé.) Oh, oh! Qui va a finir male!

CAVALIERE: Sì, sono tutte balle! Mi ha capito benissimo. (Al Marchese.) Non è vero?

MARCHESE: Io non c'entro niente!

CONTE: Balle, eh? La verità è che quello che conta balle qui è Lei, caro signor Cavaliere *dei miei stivali*!

---

insidiare, corteggiare.
basso, vile.
balle, bugie (volgare).
dei miei stivali, che non vale niente.

CAVALIERE: Basta! (Al Marchese.) Se non me ne vado, finisce che l'ammazzo.

MARCHESE: Chi? (Indicando il Conte.) Io non ho detto niente!

5 CONTE: Bravo, Cavaliere! Le conviene andarsene che restare qui a sparare altre balle!

CAVALIERE: Ora basta, per Dio! Non sono un vigliacco!

MARCHESE: Ma certo, il Conte diceva solo per dire.

10 CONTE: Bene, perché Lei ora deve *vedersela con me*!

CAVALIERE: Non c'é problema… (Al Marchese.) Mi dia la Sua spada!

MARCHESE: La spada? Ma no!

CAVALIERE: La spada!

15 MARCHESE: Eh via, calmatevi tutti e due. Si può sapere cosa vi ha preso?

CONTE: Il Cavaliere mi ha mancato di rispetto!

CAVALIERE: Io?

MARCHESE: Ma Conte, cosa Le importa se il Cavalie-
20 re ama Mirandolina?

CAVALIERE: Io non amo Mirandolina!

CONTE: Non posso sopportare chi mente e poi mi accusa di "raccontar balle"!

MARCHESE: Ma no, via! È solo un piccolo *equivo-
25 co*…

CAVALIERE: Il Conte vuol sapere meglio di me i miei sentimenti?

MARCHESE: Ecco, vede: è solo un'opinione differente.

CONTE: Visto quello che ha fatto, non posso più fi-
30 darmi di quello che dice il Cavaliere.

---

vedersela con qualcuno, fare i conti con qualcuno.
equivoco, incomprensione, errore.

MARCHESE: Ma cosa vuole che abbia fatto di male?

CONTE: Sono stato offeso e voglio soddisfazione.

CAVALIERE: Soddisfazione? A Lei? Non aspetto altro. (Al Marchese.) Mi dia quella spada!

MARCHESE: No. (Tenta di tenerla.) 5

CAVALIERE: (Prende la *spada* e il *fodero* con la forza.) Ecco, così se non può fidarsi di quello che dico, almeno crederà a quello che faccio! (Mostrando la spada al Conte.)

MARCHESE: Mi ridia quella spada, la prego! 10

CONTE: Sono azioni vili come questa che La rivelano per quello che è, caro il nostro Cavaliere!

MARCHESE: La supplico!

CAVALIERE: Allora, aspetti di vedere cosa può fare la mia rabbia! (Tenta di togliere il fodero ma non gli 15 riesce.) Ma che...?

MARCHESE: La mia spada!

CAVALIERE: (Al Marchese.) Se non *la pianta* di frignare, darò soddisfazione anche a Lei, Marchese!

MARCHESE: Mi dispiace... 20

CONTE: (*Si mette in guardia*.) Coraggio, Cavaliere, prima ci sono qui io!

CAVALIERE: (Ancora tenta di togliere il fodero.) Lo so! Mi dia solo un momento!

MARCHESE: La mia spada... 25

CAVALIERE: La Sua stramaledetta spada! (Si *sforza* di togliere la spada dal fodero ma non ci riesce.)

CONTE: Allora?

MARCHESE: Non... Non...

---

piantarla, smettere.
mettersi in guardia, mettersi in un posizione difensiva.
sforzarsi, tentare con forza.

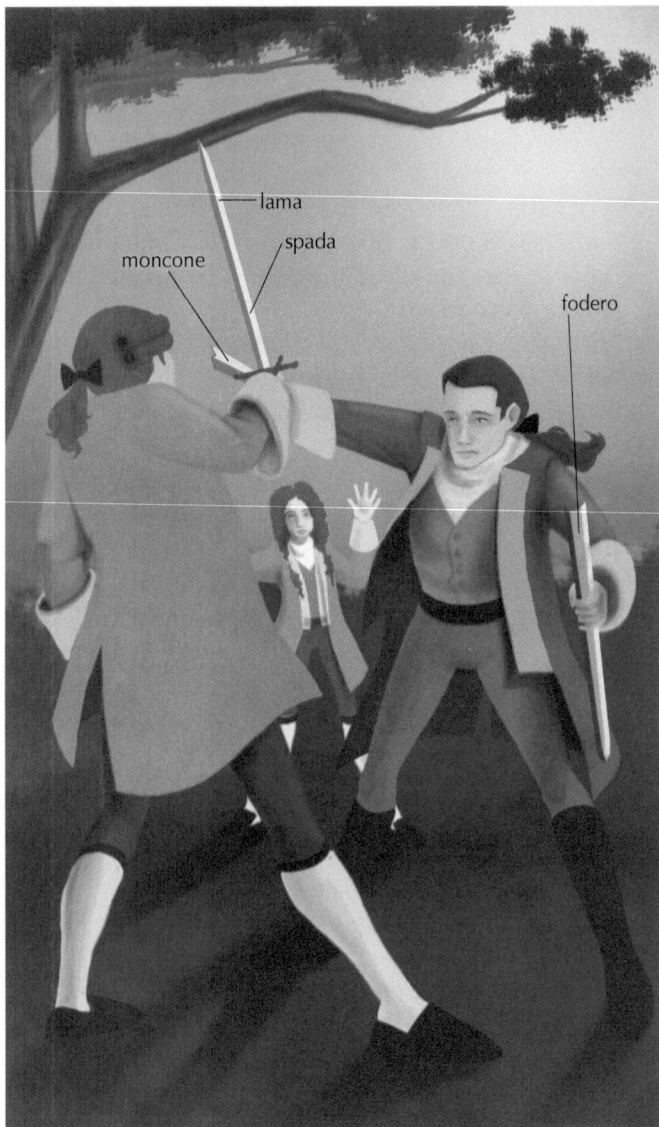

lama

moncone

spada

fodero

CAVALIERE: Eccola! (*Sfodera* la spada, e vede che c'è solo mezza *lama*.) Cos'è questo?

MARCHESE: Mi ha rotto la spada!

CAVALIERE: Il resto dov'è? (Controlla il fodero.) Nel fodero non c'è niente. (Il Conte ride.) 5

MARCHESE: Oh, sì, è vero: l'ho rotta io spaccando le noci. Non me lo ricordavo più.

CAVALIERE: Dannazione!

MARCHESE: Mi dispiace…

CAVALIERE: (Al Conte.) Mi lasci prendere un'altra 10 spada.

MARCHESE: Sì, mi ridia quel *moncone*!

CONTE: No. Non ho intenzione di lasciarla scappa- re.

CAVALIERE: Scappare? Ma per chi mi ha preso? Io le 15 spacco la testa anche con questo… (Si lancia con- tro il Conte.)

MARCHESE: …Il mio moncone!

CONTE: Indietro. (Para facilmente il colpo.)

SCENA DICIOTTESIMA
Mirandolina, Fabrizio, il Marchese, il Conte,
e il Cavaliere.

FABRIZIO: (Entra.) Basta così! Fermi tutti! 20

MIRANDOLINA: Fermatevi, vi prego!

CAVALIERE: Non intromettetevi!

MIRANDOLINA: (Entra.) Con le spade? Ma cosa sta- te facendo?

---

sfoderare, togliere la spada dal fodero.
moncone, pezzo incompleto.

MARCHESE: Vede? Tutto per causa Sua, Mirandolina.

MIRANDOLINA: Come per causa mia?

CONTE: Il Cavaliere si è innamorato di Lei e mi ha mancato di rispetto!

5 CAVALIERE: Non è vero niente!

CONTE: Gli stavo giusto insegnando le buone maniere!

CAVALIERE: Ed io a tenere chiusa quella boccaccia!

MIRANDOLINA: Il signor Cavaliere innamorato di
10 me? Oh no, signor Conte, mi dispiace, ma Lei si sbaglia.

CONTE: Mi avevano detto che…

MIRANDOLINA: Posso assicurarglielo io. Almeno di me si fida, no?

15 CONTE: (Interdetto.) Ma il Cavaliere…

MIRANDOLINA: (Al Cavaliere.) Cosa dice il Cavaliere?

CAVALIERE: Il Conte non sa di cosa parla.

MARCHESE: (Al Conte.) Ecco. Gliel'avevo detto, io.
20 No?

CONTE: Ma…

MIRANDOLINA: Insomma, signor Conte, il Cavaliere Le ha detto che non è innamorato di me ed anch'io glielo confermo. Cos'altro vuole di più? Crede forse
25 che per me sia facile ammetterlo? Mi piange il cuore sentire il signor Cavaliere dire che non è innamorato di me. La verità è che Lui, dicendo così, mi *ferisce* e mi *mortifica*. Ebbene sì, lo confesso: avrei voluto che lui si innamorasse di me, così da potermi vanta-
30 re di aver fatto cambiare idea al più terribile nemico

ferire, colpire, fare male.
mortificare, fare stare male.

delle donne. Signori miei, io sono una donna schietta e sincera; e quando devo dire qualcosa, la dico, e non posso nascondere la verità. Ecco, dunque: volevo che il Cavaliere ammettesse che si era innamorato almeno di una donna in vita sua; e se poi quella donna fossi stata io, sarebbe stata la più grande delle mie prodezze. Ma –come ho detto– "avrei voluto," ma non l'ho fatto. Conte, Marchese, Fabrizio, come potete dubitare che se ci avessi provato, io non sarei riuscita a farlo innamorare di me?

MARCHESE: Be', è vero.

MIRANDOLINA: Eppure, lui è qui che lo nega e non si cura di ferirmi ancora una volta. Non è vero, Cavaliere?

CAVALIERE: Non so cosa dire.

CONTE: Lo vedete? È confuso.

MARCHESE: È che gli dispiace fare del male a Mirandolina. Io lo capisco.

CAVALIERE: (Al Marchese, arrabbiato.) Cosa vuole capire, Lei?

MARCHESE: (Al Cavaliere.) *Suvvia*, Cavaliere, Lei ce l'ha sempre con me! Ma ora è chiaro tutto: Lei si è arrabbiato perché ha capito che Mirandolina Le voleva fare un brutto scherzo. (A Mirandolina.) Non è vero?

MIRANDOLINA: Oh, il Cavaliere è un duro. Conosce l'arte e la furbizia delle donne. Non si fida di quello che dicono e pensa che tutte le loro lacrime siano finte.

CAVALIERE: (Tra sé) E più sembrano vere e più fanno male. (Forte.) Basta, adesso!

---

suvvia, su! (esortazione).

141

MIRANDOLINA: Signor Cavaliere, non si riscaldi, altrimenti questi signori penseranno che Lei sia veramente innamorato di me!

CONTE: Sì, lo è, e non lo può nascondere.

5 MARCHESE: Lo si vede un po' dagli occhi.

CAVALIERE: (Al Marchese minacciandolo con la spada.) Stia zitto, Lei!

MARCHESE: E sempre *con me se la prende*? Perché non... (Indicando il Conte.)

10 MIRANDOLINA: Innamorato il Cavaliere? Giuro che se fosse così, me ne sarei accorta anch'io.

CAVALIERE: Finitela! Vi siete divertiti abbastanza. (Getta via la mezza spada del Marchese. Poi al Conte.) Conte, se e quando vuole mi troverà fornito di una vera spada, va bene?

15

MARCHESE: (Raccoglie la sua spada da terra.) Ehi! Le spade non le regalano mica!

MIRANDOLINA: Si fermi, signor Cavaliere. Ne va della sua reputazione. Questi signori credono ancora che Lei si sia innamorato di me e Lei dovrebbe dimostrargli il contrario.

20

CAVALIERE: Penso che non ce ne sia bisogno.

MIRANDOLINA: Ma, signore, ci vorrà soltanto un momento.

25 CAVALIERE: Che intenzioni ha? Si può sapere?

MIRANDOLINA: Sicuro. (A tutti.) Signori, il più certo segno d'amore è quello della gelosia, e chi non sente la gelosia, certamente non ama. Se il signor Cavaliere mi amasse, non potrebbe sopportare che io fossi di un altro. Non è vero?

| *prendersela con qualcuno*, arrabbiarsi con qualcuno.

CONTE: Ha ragione Mirandolina. Vediamo se il Cavaliere è geloso.

MARCHESE: Ma forse ha ragione il Cavaliere: non ce n'è bisogno.

MIRANDOLINA: Signori, se non vi dispiace, penso 5 che valga la pena restare ancora un momento.

FABRIZIO: Cavaliere, Marchese, siate gentili e restate a sentire cosa deve dirvi Mirandolina.

MARCHESE: Se Mirandolina insiste.

CAVALIERE: E cosa deve dirci ancora Mirandolina? 10

MIRANDOLINA: Come, Cavaliere? Non vuole sapere a chi sono *destinata*?

CAVALIERE: Destinata? Vuole dire che…

MIRANDOLINA: Io sono già di quello a cui mi ha destinato mio padre. 15

FABRIZIO: (A Mirandolina.) Parli forse di me?

MIRANDOLINA: Sì, caro Fabrizio, voglio cogliere questa occasione per proclamare finalmente di fronte a tutti che ho intenzione di fare quello che voleva il mio povero padre e di dare a te, Fabrizio, 20 la mia mano come sposa.

CAVALIERE: (Tra sé.) Ecco dunque il gran finale!

CONTE: (Tra sé.) Se sposa Fabrizio, non ama il Cavaliere. Mi sono sbagliato ma meglio così. (A Mirandolina e Fabrizio.) Sì, sposatevi, e vi prometto tre- 25 cento scudi per le vostre nozze!

MARCHESE: Mirandolina, ascolta: "è *meglio un uovo oggi che una gallina domani*." Sposatevi ora, e vi do subito dodici zecchini.

destinata, promessa come sposa.
meglio un uovo oggi che una gallina domani, è meglio avere qualcosa di meno ma averlo di sicuro che sperare di avere di più e rischiare (proverbio).

MIRANDOLINA: Grazie, signori, ma non ho bisogno di *dote*. Sono una povera donna ma ho quel
che basta. È vero: non ho abbastanza qualità per
far innamorare una persona come il Cavaliere…
5 Ma Fabrizio mi vuol bene e saprà prendersi cura di
me. Per questo, di fronte a tutti voi, voglio sposarlo
proprio ora…
CAVALIERE: Ma sì, maledetta, sposati con chi vuoi!
MARCHESE: Ma Cavaliere?
10 CAVALIERE: Basta così! Lasciatemi in pace! (Tira un
pugno alla porta e poi esce.)

SCENA DICIANNOVESIMA
Mirandolina, Fabrizio, il Conte e il Marchese.

CONTE: E non si era innamorato, vero? Ah!
MARCHESE: (*Impugnando* il moncone.) Se prova ancora a dire che io conto balle…
15 MIRANDOLINA: Calma, illustrissimi! State buoni. Il
Cavaliere è andato via e la storia è finalmente finita, no? In fondo, posso dire di essere stata fortunata. Vedete: volevo che si innamorasse e, anche se
di fronte a lui ho detto il contrario, penso proprio
20 di esserci riuscita. Voi cosa ne dite? Peccato che
non ci abbia scommesso dei soldi!
FABRIZIO: Ah, è così, allora? L'hai fatto solo per divertimento?
MIRANDOLINA: Eh sì, ho corso un brutto rischio,
25 Fabrizio. Ma adesso non ne voglio più sapere. Vieni qui, mio caro, dammi la mano.

dote, le cose di proprietà della sposa.
impugnare, tenere in pugno, stringere con la mano.

FABRIZIO: La mano? Piano! Non so se voglio sposarmi con una che, solo per divertirsi, fa innamorare la gente!

MIRANDOLINA: Ma dai, Fabrizio! È stato solo uno scherzo! E poi ero ancora una ragazza sola: adesso 5 che sono sposata, dovrò comportarmi diversamente, no?

FABRIZIO: Ah sì? E come?

SCENA ULTIMA
Il Servitore del Cavaliere, Mirandolina, Fabrizio, il Conte e il Marchese.

SERVITORE: Permesso? (Entra.) Signora, prima di partire sono venuto a salutarLa.   10

MIRANDOLINA: Parte di giá?

SERVITORE: Sì. Io e il mio padrone partiamo subito per Livorno.

MIRANDOLINA: La prego, lo saluti per me.

SERVITORE: Va bene. La ringrazio di tutto. Arrivederci. (Esce.)   15

MIRANDOLINA: Grazie al cielo, se ne è andato. Però mi dispiace che sia partito così presto: non so quando mi riuscirà di divertirmi ancora così tanto.

CONTE: Mirandolina, a me non importa che Lei sia sposata o no, Lei mi sarà sempre cara e potrà con- 20 tare sul mio aiuto.

MARCHESE: E naturalmente, Mirandolina, non cesserà mai di poter godere della mia protezione.

MIRANDOLINA: Signori miei, vi ringrazio ma ora che ho un marito, non ho più bisogno né di prote- 25 tezione né di regali. Vi prego, non offendetevi.

Finora è stato un piacere avere il vostro affetto e la vostra attenzione, ma –come vedete– adesso questo è mio marito e ci penserà lui…

FABRIZIO: Un momento, io…

5 MIRANDOLINA: Che cosa c'è, Fabrizio? Che difficoltà ci sono?

FABRIZIO: È che…

MIRANDOLINA: Andiamo. Dammi quella mano, Fabrizio.

10 FABRIZIO: …Vorrei che prima ci mettessimo d'accordo. Insomma, che i patti fossero chiari.

MIRANDOLINA: Che patti? Il patto è questo: io ti sposo. Forza, dammi la mano! (*Gli prende la mano e se la mette sul petto.*)

15 FABRIZIO: Va bene, ti do la mia mano, Mirandolina, ma poi tu…

MIRANDOLINA: Ma poi, sì, caro, sarò tutta tua! Non dubitare di me: ti amerò sempre, sarai la mia dolce metà. (Gli dà un bacio sulla guancia.)

20 FABRIZIO: E va bene, non ne posso più. Ti sposo, Mirandolina.

CONTE: Bravo! (Applaude)

MARCHESE: Sì, bravi! (Anche lui applaude).

MIRANDOLINA: (Tra sé.) E anche questa è fatta!

25 FABRIZIO: Cosa hai detto?

MIRANDOLINA: Niente, mio caro, sospiravo di gioia!

CONTE: Mirandolina, congratulazioni! Lei è una gran donna e può davvero fare felice qualsiasi uomo. (Tra sé.) Anche sposandolo.

30 MARCHESE: Mirandolina, felicitazioni! Vedo che adesso ha esattamente quello che voleva. (Tra sé.) Come sempre, del resto.

MIRANDOLINA: Signori, vi ringrazio. Ma adesso basta, per favore, mi fate arrossire.

MARCHESE: Ma di che?

MIRANDOLINA: Signori, ho un ultimo favore da chiedervi, se posso. 5

CONTE: Dica pure, saremo lieti di servirLa come possiamo.

MARCHESE: Sì, ci dica come.

MIRANDOLINA: Vi prego cortesemente di volervi gentilmente trasferire in un'altra locanda. 10

FABRIZIO: (Tra sé.) Brava; adesso sì che mi vuol bene.

CONTE: Sì, capisco e approvo. Me ne andrò subito. Ma si ricordi che, dovunque io sia, sarò lieto di aiutarla. Arrivederci, allora. (Esce.)

MARCHESE: Anch'io farò come mi chiede, Mirando- 15 lina, e partirò. Ma sappiate che, dovunque io sia, Lei gode della mia protezione. Addio. (Fa per usci- re, ma poi si ferma. Torna indietro e chiede a Mi- randolina.) Mi dica, Mirandolina, per caso ha per- so una boccettina d'oro? 20

MIRANDOLINA: Sì, signore.

MARCHESE: Eccola qui. L'ho ritrovata, e gliela restitui- sco. (Le dà la boccetta.) Di nuovo: addio. (Esce.)

MIRANDOLINA: Grazie. Addio. (Apre la boccetta, la annusa, e poi ci guarda dentro e si accorge che è 25 vuota.) Lo spirito di questa boccetta ormai è sparito e così pure il vostro tempo che gentilmente avete dedicato a questa commedia. Ora però, non *ram- maricatevi*, perché se è vero che il tempo è la cosa più preziosa che noi abbiamo, è anche vero che il 30 tempo non è mai sprecato quando è speso per

---

rammaricarsi, essere tristi.

imparare qualcosa allegramente. Pensate invece a cosa vi è rimasto e fatene un piccolo tesoro; mettetelo da parte e conservatelo per quando vi sarà utile. Vivete lieti e non dimenticatevi de La Locandiera.

FINE

DOMANDE

1. Perché Mirandolina adesso pensa che sia un buon affare sposarsi con Fabrizio?
2. Perché Mirandolina ha paura del Cavaliere?
3. Cosa fa Mirandolina per difendersi dal Cavaliere?
4. Cosa vorrà dire il Cavaliere a Mirandolina?
5. Chi difende la locandiera?
6. Che bugia dice Mirandolina a Fabrizio?
7. Perché il Marchese vuole scappare?
8. Chi apre la porta al Cavaliere? E chi lo ferma?
9. Di che cosa vuole vendicarsi il Conte?
10. Chi conta balle: il Cavaliere o il Conte?
11. Che problema ha la spada del Marchese?
12. Chi blocca il duello? Come?
13. Perché Mirandolina chiede al Cavaliere di restare ancora un momento?
14. Secondo Mirandolina, il Cavaliere ha cambiato idea sulle donne o no?
15. Fabrizio è contento di sposare la locandiera?
16. Quanti soldi offrono il Conte e il Marchese a Mirandolina?
17. Ma lei che cosa chiede solamente?
18. Secondo Mirandolina, che cos'è la cosa più preziosa che noi abbiamo?

ESERCIZIO 1 – Analisi grammaticale.

Selezionare qualsiasi parte della commedia e cercare le seguenti forme:

1. esclamazioni
   (esempio: *"Oh bella!"*);
2. imperativi
   (*"Tieni."*);
3. espressioni formali con il "Lei"
   ("Io no e *Lei sì?*");
4. frasi ipotetiche con il "se"
   ("Se Mirandolina si sposerà, io sarò il suo protettore");
5. espressioni che reggono il congiuntivo
   (*"È giusto che* la locandiera mi tratti con riguardo");
6. insulti
   (*"Spiantato, povero e superbo."*);
7. suffissi
   ("bicchier*ino*");
8. futuro della possibilità
   ("Non *avrà* ancora *trovato* la donna che fa per lui.");
9. il si impersonale
   ("Quello che non *si* può spendere non vale niente.");
10. gerundio
    ("Tutti stanno fa*cendo* il possibile...");
11. un pronome e la parola che sostituisce
    (*"La* tenga!", *la* sostituisce "la boccetta").
12. uso superfluo di un pronome
    ("Me *ne* intendo anch'io *di diamanti*");

ESERCIZIO 2 – Il gioco delle parti.

Immaginare le seguenti situazioni e improvvisare (o scrivere) un dialogo. Usare la fantasia e il senso dell'umorismo.

1. Scegliere un luogo comune (cliché) e sostenere cocciutamente una posizione. (Per esempio: "Una volta si stava meglio." Una persona sostiene che una volta la vita era migliore, e una persona sostiene il contrario, ovvero che adesso si sta meglio.)

2. Giocare al misogino. Perché le donne sono un problema?

3. E gli uomini? Fare una lista dei difetti tipici degli uomini.

4. Cambiare sesso. Se fossi una donna, ... / Se fossi un uomo, ...

5. Chiedere dei soldi in prestito ad un amico/ad un'amica.

6. Chiedere ad un amico/ad un'amica di restituirti i soldi (o qualcos'altro) che ti deve.

7. Due ragazze discutono scherzando: è meglio un moroso ricco ma ignorante, oppure un moroso povero ma colto?

8. Due ragazzi discutono scherzando: è meglio una morosa eccezionalmente bella ma viziata, oppure una morosa un po' grassa ma simpatica?

9. Fare la corte. Preparare una lista di frasi per abbordare qualcuno (un uomo o una donna).

10. Farsi corteggiare. Preparare una lista di frasi argute per rispondere alle frasi della lista n. 7.

11. Il menù perfetto. Immaginare una conversazione al telefono in cui uno/a chiede all'altro/a che cosa preferisce per cena. Completare la lista di un menù per una cena romantica.

12. Il brindisi. Preparare un frase molto significativa e accattivante da usare per un brindisi.

13. Reclami. Prima di lasciare un albergo, lamentarsi alla reception di tutte le cose che non vi sono piaciute.

14. La mancia. Un cameriere /Una cameriera vi chiede perché avete lasciato una mancia così piccola.

15. Prendere una delle espressioni imparate da La Locandiera (per esempio, un esclamazione, un proverbio, una domanda, un imperativo, ecc.) e preparare un dialogo che includa quella espressione.

16. La competizione. Fare a gara nel raccontare cose incredibili. Alternandosi, uno dice, per esempio: "Sono stato sulla luna." E l'altro risponde: "Oh! Non è niente! Io sono stato su Marte tre volte!"

17. La commedia dell'arte. Cercare informazioni sui personaggi tipici della commedia dell'arte (Arlecchino, Colombina, Pulcinella, Pantalone, Brighella, ecc.). Scrivere o improvvisare un dialogo tra due di questi personaggi.

18. Fine. Inventare un finale alternativo a La Locandiera.

Potete trovare altri esercizi su
www.easyreaders.eu

INDICE

EASY READERS *Danimarca*
ERNST KLETT SPRACHEN *Germania*
ARCOBALENO *Spagna*
EMC CORP. *Stati Uniti*
EUROPEAN SCHOOLBOOKS PUBLISHING LTD. *Inghilterra*

Opere della letteratura italiana ridotte e semplificate
ad uso degli studenti.
Le strutture e i vocaboli di questa edizione sono tra i più
comuni della lingua italiana.
I vocaboli meno usuali o di più difficile comprensione
vengono spiegati per mezzo di disegni o note.
L'elenco delle opere già pubblicate è stampato all'interno
della copertina.
C'è sempre un EASY READER a Vostra disposizione per una
lettura piacevole e istruttiva.
Gli EASY READERS si trovano anche in tedesco, francese,
inglese, spagnolo e russo.

TITOLI GIÀ PUBBLICATI: